알기쉬운

영어회화완성

기초부터 응용까지

Tommy u. 저

김 웅 역

一信書籍出版社

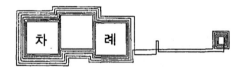

기초편

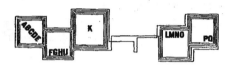

응용편

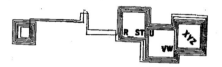

기초편

1. 만날 때

미스터 길버어트와 미쓰 로우가 아침에 길에서 만났다.

G : **Good morning, Miss Rowe.**
R : **Good morning, Mr. Gilbert.**
G : **How are you today?**
R : **Very well, thank you, and you?**
G : **Pretty well, thanks.**
R : **It's a beautiful day, isn't it?**
G : **Yes, it is.**

미스터 길버어트와 미쓰 로우가 비내리는 오후, 길에서 만났다.

G : **Good afternoon, Miss Rowe.**
R : **Oh, good afternoon, Mr. Gilbert.**
G : **What a rainy day!**
R : **Everything's wet, isn't it?**
G : **Yes. Out shopping?**
R : **Yes.**
G : **Well, I guess I'll be on my way.**
R : **All right. Good-bye.**
G : **Good-bye.**

G : 안녕하십니까, 미쓰 로우。
R : 안녕하십니까, 미스터 길버어트。
G : 오늘은 기분이 어떻습니까?
R : 아주 좋아요。고맙습니다。댁은요?
G : 매우 좋습니다。감사합니다。
R : 참으로 기분 좋은 날이군요。그렇죠?
G : 예, 그렇군요。

G : 안녕하십니까, 미쓰 로우。
R : 어머, 안녕하세요。미스터 길버어트。
G : 몹씨도 비가 오는군요!
R : 세상이 온통 젖었어요, 그렇죠?
G : 그렇군요, 쇼핑이라도 하러?
R : 예에。
G : 자 그럼, 가 보겠읍니다。
R : 그럼 안녕히 가세요。
G : 안녕。

무더운 밤에 두 사람은 길에서 만났다。

R : Oh, good evening, Mr. Gilbert.

G : Good evening, ma'am.

R : Quite stuffy, isn't it?

G : Yes, it is.

R : How are you?

G : I'm very well, thank you, ma'am, and you?

R : Not so well. I've caught a cold.

G : I'm sorry to hear that.

R : I'm much better now.

G : Please take care of yourself.

R : Thanks very much.

친구인 린다와 포올이 역에서 만났다。

P : Hello, Linda.

L : Hello, Paul.

P : Where are you going?

L : Downtown. I'm going to buy some books.

P : Oh, are you? Looks like rain, doesn't it?

L : It certainly does. But I have an umbrella.

P : That's good. Well, have a good time!

L : Thanks.

R : 어머! 안녕하세요, 미스터 길버어트。

G : 안녕하십니까?

R : 무척 무덥죠?

G : 정말 그렇군요。

R : 건강이 어떠세요?

G : 매우 좋습니다, 감사합니다。부인께서는?

R : 감기에 걸려서 별로 좋지가 못해요。

G : 그것 참 안됐읍니다。

R : 지금은 한결 나아졌어요。

G : 몸조리 잘 하십시요。

R : 고맙습니다。

P : 여어, 린다。

L : 어이, 포올。

P : 어데 가는 길이야?

L : 번화가까지。책이나 몇 권 살까 하고。

P : 그래? 비가 올 것 같은데……。

L : 그렇군。그러나 우산을 가졌으니까。

P : 그건 다행이군。그럼, 잘 다녀오게。

L : 고맙네。

P : Good-bye, Linda.

이번에는 두 사람이 공원 근처에서 만났다。

P : Hi.

L : Hi.

P : How are you?

L : Fine thanks, and you?

P : Just fine.

L : Playing tennis?

P : Yes. School tournament.

L : Good luck, Paul.

P : Thanks, Linda.

How are you? 어조는 ■ ■ ➡ 이든 ■ ■ ■ 이든 관계없다。
　　　　질문이기 때문이다。이 질문을 받으면 반드시 Very
　　　　well。또는 Fine 이라고 대답하는 습관을 붙이는것
　　　　이 중요하다。Thank you 라고 말할 뿐, 그대로 입
　　　　을 다무는 것은 커다란 실례。

Hello, Hi　간단한 어휘이지만, 친한 사이에서는 결코 실
　　　　례가 아니다。이 말 다음에 이름을 붙이는 것이 보
　　　　통이다。

Good morning　오전중에 사용한다。

Good afternoon　정오에서 오후 6시까지。

Good eveing　오후 6시에서 정밤중까지。그러나 겨울밤
　　　　같은 때는 5시라도 어두우므로 Good evening 이라
　　　　해도 무방하다。

P : 굳바이 ,

P : 야아 !
L : 여어 !
P : 어떤가?
L : 덕택에, 자넨?
P : 아주 좋아。
L : 테니스 하러 ?
P : 응, 학교대항이야。
L : 잘 하게。
P : 고마워。

「저는 BAD EVENING입니다。
　　　　　저기서 강도한데……」

2. 감사의 뜻을 표할 때 ————

미스터 길버어트와 미쓰 로우는 사무실에서 책상을
마주하고 있다。

R : May I borrow your pen?
G : Certainly. Here it is.
R : Thank you.
G : Not at all.

미쓰 로우가 미스터 길버어트의 카메라를 빌렸다。

R : It's very kind of you to lend me your camera.
G : It's my pleasure.
R : I hope the pictures will come out all right.
G : So do I. Well, have good shooting!
R : Thanks very much.

미쓰 로우가 서울역에서 특급「관광호」를 타려고 행
인에게 물어보고 있다。 행인=stranger。

R : Excuse me, is this train the Super-Express
   Kwan Kwang for Pusan?
S : No, I'm sorry, it isn't. It's the Special
   Express Tong—il.

R : 펜 좀 빌려주시겠어요?
G : 그러세요。 여기있습니다。
R : 감사합니다。
G : 뭘요。

R : 카메라를 빌려주셔서 참으로 고마웠읍니다。
G : 아니, 천만의 말씀을。
R : 잘 찍혔으면 다행이겠는데요。
G : 잘 찍혔겠지요。
R : 감사합니다。

R : 실례지만 이 열차는 부산행 초특급 「관광호」입
    니까?
S : 아니요。 그렇지 않습니다。 특급 「통일호」입니다。

R : Can you tell me where to find the KwanKwang?

S : It leaves from the opposite track.

R : Oh, thank you very much.

S : You're very welcome.

미스터 길버어트가 길을 잃고 행인에게 묻는다。

G : Excuse me, but can you tell me if Mr. Brian
    Dobbyn lives near here?

S : Dobbyn?

G : Yes, Brian Dobbyn.

S : I'm sorry, but I don't know this neighborhood
    very well.

G : Thank you just the same.

S : I'm sorry I couldn't help you.

G : That's all right.

포올이 린다에게 여행 선물을 주고 있는 장면이다。

P : This is for you, Linda.

L : Oh, thanks. What is it?

P : It's a Kakshi doll I bought in Honam.

L : Oh, is it? May I open it?

P : Yes, go ahead.

L : What a lovely doll it is! I like it very much.

R : 관광호는 어느쪽인지 아십니까?
S : 반대쪽 프렛트 · 홈에서 출발합니다.
R : 아, 대단히 감사합니다.
S : 아, 뭘요.

G : 실례입니다만 이 부근에 브라이언 · 도빈이라는
    사람이 사십니까?
S : 도빈씨요?
G : 에, 브라이안 도빈입니다.
S : 안됩니다만, 이 근처의 이웃들을 그리 잘 알
    지를 못해서……。
G : 여하튼 수고를 끼쳤읍니다.
S : 천만에요. 도움이 되지 못해 미안합니다.
G : 폐를 끼쳤읍니다.

P : 약소하지만 선물이야, 린다.
L : 어머, 고마워. 이건 뭘까?
P : 호남지방에서 산 「각씨인형」이야.
L : 오, 그래。 열어봐도 괜찮아?
P : 응, 어서 열어봐.
L : 어머, 이 예쁜 인형 봐! 정말 마음에 들어.

P : I'm glad you like it.

L : Thanks very much, Paul.

P : Don't mention it.

Thanks　　Thank you very much 보다도 짧은 표현 이지만 감정을 넣어 천천히 발음하면 정중한 말씨로도 된다.

You're welcome　　미국에서는 아주 흔히 쓰인다.

Thank you just the same　　도움을 받지 못해도 「폐를끼 쳤읍니다。」하는 의미로 감사의 뜻을 표현하는 말.

Thanks a lot　　many thanks 와 같은 뜻。 친한 사이에서 만 사용된다。

P : 마음에 든다니 다행이야.

L : 정말 고마워, 포올.

P : 뭘, 대단치도 않은 건데……

3. 시간을 말할 때 ──────

미쓰 로우가 길버어트에게 시간을 묻고 있다。

R: Would you tell me the time?

G: My watch says three-forty-five. But I think it's a little slow.

R: Oh, is it? It's past three, anyway.

G: Yes, I'm sure of that.

*　　*　　*

R: Will you please tell me the time, Mr. Gilbert

G: I'm sorry Miss Rowe, my watch has stopped.

R: I think mine is too fast.

G: I usually set it by the television, but I forgo to wind it today.

이번에는 포올과 린다가 급히 서두르고 있다。

P: Can you tell me the time?

L: Sure. It's 8:50.

P: Oh! Ten more minutes, then!

L: We'd better hurry.

P: Yes, Let's go on the double.

L: Right.

───────────────────────────────Time

R : 시간 알으켜 주시겠어요?

G : 내 시계로는 3시 45분인데, 좀 늦은 것이라고 생각됩니다.

R : 그래요? 어쨌든 3시는 지났군요.

G : 에。 그건 확실하죠。

*　　　*　　　*

R : 시간 좀 알려주시겠어요。 길버어트씨?

G : 공교롭게도 내 시계가 멈춰 있군요。

R : 내 시계는 빠른 것 같아서요。

G : 항상 텔레비죤에 맞추었었는데, 오늘은 줄 감는것을 잊었군요。

P : 지금 몇시야?

L : 응, 8시 50분이야。

P : 오, 그럼 앞으로 10분이군。

L : 빨리 서둘러야 해。

P : 응, 뜀박질하자。

L : 그래。

포올과 린다가 도서관에서 서로 만난 장면이다.

P: What time do you have?
L: Quarter past four.
P: Is your watch correct?
L: Yes, it keeps good time.
P: Thanks, Linda.
L: You're welcome, Paul.

포올과 린다가 하루의 일을 이야기하고 있다。

P: What time is it?
L: Five o'clock.
P: What did you do before lunch?
L: I watched television at eight-fifteen, washed
my clothes at nine-thirty, and walked downtown
at ten forty-five.
P: What did you do after lunch?
L: I waited for the bus at a quarter past one,
opened my window at half past two and
closed it at a quarter to three.

오전중을 all morning。오후내내를 all afternoon,
온밤을 all evening。밤에서부터 아침까지를 all night。
10 : 30   a。m은 라틴어로 오전 p。m은 오후의 의미이므로
10 : 30a。m in the morning 식으로 말할 필요는 없
다。 10 : 30 a。m 또는 10 : 30 in the morning 이라

P : 지금 몇시야?

L : 4시 15분。

P : 네 시계 정확해。

L : 응, 시간 잘 맞아。

P : 고마워, 린다。

L : 천만에, 포올

P : 몇시야?

L : 5시일쎄。

P : 점심전에 뭘 했나?

L : 8시 15분에 테레비를 보고, 9시 반에 세탁,
    10시 45분에 거리에 나갔지。

P : 점심후엔 뭘 했나?

L : 1시 15분에 버스를 기다렸고, 2시 반에 창문을
    열고, 15분전 3시에 창문을 닫았네。

      하면 된다.

12 : 00   전후의 관계로 확실히 낮이라는 것을 알 수 있는
         경우에는 Twelve 로 좋다. 불확실한 경우는 Twelve
         noon 또는 Twelve midnight 이라 한다.

a quarter   4분의 1을 말함。 시간이라면 15분, 돈이라
           면 25센트。

— 23 —

4. 날과·달을 나타낼 때 ━━━━━

미쓰 로우가 사무실에서 깊버어트에게 묻고 있다。

R: **What day is today, Mr. Gilbert?**

G: **Today is Tuesday, Miss Rowe.**

R: **I mean what date is it?**

G: **Oh, It's the seventeenth.**

깊버어트가 미쓰 로우의 생일에 관해 묻고 있다。

G: **When is your birthday, Miss Rowe?**

R: **The twenty-second of February. It's also a special day. Can you tell me what day it is?**

G: **I don't have any idea.**

R: **It's George Washington's birthday. It happens to fall on my birthday.**

포올이 린다에게 학습에 관해 묻는 장면이다。

P: **Did you study last week, Linda?**

R : 오늘은 무슨 날이에요?

G : 오늘은 화요일입니다.

R : 오늘이 몇일날이냐고요?

G : 오오, 17일이죠.

G : 미쓰 로우, 당신은 생일이 언제죠?

R : 2월 22일입니다. 특별한 날이여요. 어떤 날인지 아세요?

G : 잘 모르겠는데요.

R : 죠지·워싱턴이 탄생한 날이예요. 우연히도 나의 생일과 같은 날이지요.

P : 지난 주에는 공부했나, 린다?

L : Yes, I studied every day. I studied on Sunday.
Monday, Tuesday, Wednesday, Thursday, Friday and Saturday.

P : Did you also practice the piano every night?

L : Yes, I always practice it at night.

P : When do you play tennis?

L : Every Wednesday afternoon.

10월 어느 날, 린다와 포올이 기온에 관해 이야기를
나누고 있다.

P : Don't you like cold weather?

L : No, I don't. I prefer hot weather.

P : It was hot last month.

L : Yes, but it was cold this month.

P : Last week was warm.

L : Yes, but this week was cool.

린다가 포올에게 그의 여행에 관해 묻고 있다.

L : When are you going to Kangwon, Paul

P : The nineteenth of this month.

L : What day of the week will it be?

P : Well, let me see. It'll be Monday.

L : And when will you come back?

L : 으응, 날마다 공부했지。 일요일, 월요일, 화요일,
수요일, 목요일, 금요일, 토요일, 계속해서 공부
를 했지。

P : 매일 밤에 피아노도 연습했나 ?

L : 으응, 항상 밤에 연습했지。

P : 테니스는 언제 하나 ?

L : 매수요일 오후야。

P : 추운 날씨를 좋아하지 않겠지 ?

L : 으응, 좋아하지 않아。 더운 편이 좋아。

P : 지난 달은 더웠지。

L : 그래, 그러나 이달은 춥군。

P : 지난 주일은 따뜻했었지。

L : 그래, 그러나 이번 주일은 서늘하군。

L : 몇일날 강원도에 가나, 포올 ?

P : 이달 19일이야。

L : 19일이면 무슨 요일인가 ?

P : 응, 글쎄。 월요일이군。

L : 그럼 몇일날 돌아올 건가 ?

P : Wednesday, May the twenty-first.

date   날짜에 관한 말로는 the day of the month 이고,
요일은 day of the week 이다。 단순히 What day?
라고 하면
① 의의 깊은 날(예를 들어 국경일, 생일등)
② 날짜
③ 요일과 전후의 관계
로 사용법이 달라진다。

3월 8일   The eight of March, March the eighth,
March eight 이렇게 세가지가 있다。 달을 말하지
않고 날짜만 말할 경우는 the eighth 이다。

상순, 중순, 하순   상순은 정확히는 the first ten days
of the month 이지만, 영미의 관용구로써는 십진법
이 아니고, week 를 사용하여 the first(second,
third,) week of the month 라고 하든지, in a for-
tnight (2, 3주중에) 또는 in a few weeks (2, 3
주간)이라 한다。 그외 by the end of the month
(월말까지), 또는 by the middle of the month
(15일경까지) 는 우리말과 마찬가지로 흔히 쓰인다。

P : 5월 21일 수요일。

5. 소개할 때 ─────────

처음에 남자를 여자에게 소개하는 것이 원칙이다.
미스터 울바닌이 친구인 길버어트를 미쓰 로우에게
소개하는 장면이다.

U: Miss Rowe, may I present Mr. Gilbert?
   Mr. Gilbert, may I present Miss Rowe?

G: How do you do, Miss Rowe.
R: How do you do, Mr. Gilbert.   I just had the
   pleasure of meeting your brother.
G: Oh, did you? Is he here already? This is a
   very beautiful house, isn't it?

이번에는 길버어트 박사와 미쓰 로우를 소개시켜 보
기로 하자。

U: Miss Rowe, may I introduce Dr. Gilbert?

R: How do you do.
U: Dr. Gilbert, this is Miss Rowe.
G: How do you do. I've heard so much about
   you, Miss Rowe.
R: I hope it's all good.

U : 미쓰 로우, 미스터 길버어트를 소개합니다。 미스
터 길버어트, 미쓰 로우를 소개합니다。

G : 처음 뵙겠읍니다。미쓰 로우。

R : 처음 뵙겠읍니다。미스터 길버어트,동생과는 금방
만나뵈었읍니다。

G : 아, 그렇습니까? 아우가 벌써 와 있읍니까?
참으로 아름다운 저택이군요。

U : 미쓰 로우, 길버어트 박사님을 소개합니다。

R : 처음 뵙겠읍니다。

U : 길버어트 박사님。 이분은 미쓰 로우입니다。

G : 처음 뵙겠읍니다만 말씀만은 많이 듣고 있었읍니
다。

R : 좋은 말이었기를 바랍니다。

다음에는 남자 두 사람을 서로 소개시키는 장면。연소자
는 연장자에게, 학생은 선생에게 또 회사관계라면
일반사원을 부장이나 사장에게 — 이런 순서로 윗사
람에게 소개하는 것이 보통이다。여기서는 길버어트
씨를 교수로, 울바닌군을 학생으로 등장시켜 보자。

R : Prof. Gilbert, may I introduce Mr. Tommy
   Ulbanir ? Mr. Ulbanir., this is Prof. Gilbert
   of Pusan University.
U : How do you do, Prof. Gilbert.
G : How do you do, Mr. Ulbanir

   이처럼 소개받았을 때에는 상대방의 이름을 「처음
   뵙겠읍니다。」라고 말한 다음에 붙이는 것이 보통이
   다。
   그런데 상대방의 이름을 잘 듣지 못했을 경우에는
   어떻게 하면 좋을까 ?

U : Mr. Gilbert, I want you to meet Miss Rowe.
G : It's nice to meet you, Miss Rowe.
U : Miss Rowe, this is Mr. Gilbert.
R : I'm glad to meet you. But I didn't quite catch
   your name.
G : Gilbert, Paul Gilbert.
R : Where are you from, Mr. Gilbert？

R : 길버어트 교수님。 토미 울바닌을 소개합니다。
   미스터 울바닌, 이분은 부산대학의 길버어트 교수
   입니다。
U : 길버어트 교수님 처음 뵙겠읍니다。
G : 미스터 울바닌, 처음 뵙겠읍니다。

U : 미스터 길버어트, 미쓰 로우를 소개합니다。
G : 미쓰 로우, 만나뵙게 되어 반갑습니다。
U : 미쓰 로우, 이분은 미스터 길버어트입니다。
R : 만나뵙게 되어 반갑습니다。 저어, 성함이 무엇이
   라고 말씀하셨는지 ?
G : 길버어트。 포올 · 길버어트라 합니다。
R : 고향은 어디십니까 , 미스터 길버어트 ?

이 맨끝의 문장 Where are you from? 은 소개받고
나서 어떻게 회화를 이끌어 가느냐, 하는 하나의 보
기이다。소개받은 채로 묵묵히 쳐다보고만 있는 것
은 실례이므로 무엇인가 적당한 화제를 찾아내어 회
화를 이끄는 것이 중요하다。다음에 예시된 간단한
소개방법을 잘 익혀두자。

포올이 영국에서 최근에 귀국한 친구인 토미를 린다
에게 소개시키는 장면이다。

P : Linda, may I introduce my friend? He's just
come back to Korea from London.   His name
is Tommy Urbanin.

T : I'm very glad to meet you, Linda.

L : So am I, Tommy.   I've heard a great deal
about you from Paul.

소개하는 방법중 가장 간단한 것은 수인사를 생략하
고 친구를 손으로 가르키면서 This is so and so。라
는 이야기이다。이때, 손가락으로 가르키면   실례
가 되므로 손바닥을 벌리듯이 하여 가볍게   소개할
친구를 가르킨다。

다음은 토미가 포올을 린다에게 소개시키는 장면이
다。

T : Linda, this is my friend, Paul Gilbert.

L : Glad to meet you, Paul.

T : Paul, this is Miss Linda Rowe.

P : Glad to meet you, too.

P : 린다, 친구를 소개합니다. 런던에서 갓 귀국한 친구로 토미·올바닌이라고 합니다.

T : 뵙게 되어 반갑습니다, 린다.
L : 저 역시, 토미。벌써부터 포올안테서 말씀은 많이 듣고 있었읍니다。

T : 린다, 친구인 포올·길버어트입니다.
L : 처음 뵙겠읍니다。포올。
T : 포올。이분은 미쓰 린다·로우입니다。
P : 뵙게 되어 반갑습니다。

소개는 2 사람만 시키는 경우만이 아니고 파아티석
상같은 데서는 동시에 많은 사람을 소개하지 않으
면 안될 경우가 있다。 이번에는 린다가정에서 여는
파아티에서 세분 손님이 소개된다。

L : Oh, hello, boys. Do you know each other?
P : No, I'm afraid not.
T : We haven't met yet.
L : Well, this is Paul, Tommy, Sam.
P : Hello.
T : Hi.
S : Hello.

How do you do。 빠른 어조로 말하지 말고 천천히 발음
하도록 주의할 것。 이것은 정식의 인사이지만 이에
대신하는 말로 Glad to meet you。 I've wanted
to meet you。 I'm pleased to meet you。 It's nice
meeting you 따위도 있고, 더구나 Hello, Hi 정도로
그치는 경우도 많다。 소개받을 때는 잠자코 있지 말
고, 일반적인 화제를 선택하여 회화를 이끌어 나갈
일이다。

This is… 「그는 ……이다。」를 흔히 He is …로 하는 사
람이 많으나, This is …로 말하는 편이 He 나 She
보다 친근감이 있다。

introduce introduce 나 present 나 다 소개한다는 의미。

— 36 —

L : 어서 오세요. 여러분, 서로 알고 계십니까?

P : 아니요.

T : 안면이 없습니다.

L : 이분이 포올, 토미, 샘입니다.

P : 안녕하세요?

T : 안녕하십니까?

S : 안녕하십니까?

introduce 의 경우 to 가 있고 없음에 따라 사용법
이 달라진다. May I introduce John? 은「당신에게
존을 소개해도 괜찮습니까?」라는 의미이지만, May
I introduce you to John? 이라면「당신을 존에게
소개할까요?」가 된다. 파아티같은 데 유명한 인사
가 출석해 있어서 그 인사에게 소개시켜 드릴까요,
하는 경우라면 후자이다.

Shaking hands 악수는 할 경우도, 하지 않을 경우도 있
다. 부인에게 소개되었을 경우는, 상대방 부인이 청
하기 전에는 손을 내밀어서는 실례다.

6. 사과할 때 　　　　　────────

혼잡한 백화점의 엘리베이터에 탄 미쓰 로우가,　양
손에 물건을 들고 3층에서 내리려는 장면이다。

R : Excuse me, please. may I get by?
A : Certainly.
B : Of course.
R : Thank you.

서울거리에서 길을 잃은 미스터 길버어트가　역으로
가는 길을 행인(stranger)에게 묻고 있다.

G : Excuse me, but could you direct me to Seoul.
　　Station?
S : Certainly. Go straight ahead two blocks and
　　turn to the right.　You can't miss it.
G : Thanks very much.
S : Don't mention it.

역의 계단을 내려 온 미쓰 로우가 발을 헛짚어 앞에
가는 사람과 부딪쳤다.

R : Oh, I'm sorry.　I'm very sorry, indeed.
S : It's all right.

Excuseing Oneself

R : 실례지만, 좀 지나가겠읍니다.
A : 자, 어서.
B : 어서, 이리로.
R : 감사합니다.

G : 실례지만 서울역은 어느쪽으로 가는지 알으켜주시
겠읍니까?
S : 예。똑 바로 두 거리(blocks)를 가서 오른쪽으로
향하십시요. 곧 찾으실 것입니다.
G : 대단히 감사합니다.
S : 뭘요, 그렇게까지.

R : 실례했읍니다. 참으로 죄송합니다.
S : 괜찮습니다.

R : Did I hurt you?
S : No, not at all.

미스터 길버어트가 복도의 구부러진 곳에서, 마침
저쪽에 오던 사람과 정면으로 부딪칠 번 했다.

G : Whoops. I'm sorry.
S : That's OK.

미스터 길버어트가 그만 잘못하여 미쓰 로우의 옷에
커피를 쏟아버렸다.

G : Please accept my sincere apologies. I do hope
   your dress isn't ruined, Miss Rowe.

R : Well, can't be helped.
G : I'll be more careful from now on.
R : All right, Mr. Gilbert.

칵테일 파아티에 참석한 미쓰 로우가 동석한 사람에
게 이야기를 걸고 있다.

R : Excuse me, but may I ask your name?

G : Yes, of course. I'm Paul Gilbert.

R : 다치지나 않으셨습니까?
S : 아니요。 괜찮습니다。

G : 앗차! 실례했읍니다。
S : 괜찮습니다。

G : 미쓰 로우, 참으로 뭐라 사과할 말 없읍니다。
    드레스가 엉망으로 되지 않았다면 다행이겠읍니다
    만。
R : 할 수 없는 일이죠。
G : 앞으로는 주의하겠읍니다。
R : 괜찮아요。 미스터 길버어트。

R : 실례지만, 성함을 여쭈어봐도 괜찮습니까?

G : 예, 물론。 저는 포올·길버어트입니다。

R : Oh, are you? My name is Linda Rowe.
Nice party, isn't it?

G : Yes, it is.

미쓰 로우의 집에 초대받은 미스터 길버어트가 실수
하여 책장에서 뽑아든 책을 떨어뜨렸다。

G : Oh, I'm terribly sorry, Miss Rowe.
I hope the book isn't damaged.

R : Never mind. It's quite all right.

린다가 약속시간보다 25분이나 늦었기 때문에 포울
에게 사과하는 장면이다。

L : I'm sorry I'm late, Paul. The traffic was very
heavy.

P : Oh, that's all right.

L : Have you been waiting long?

P : I arrived at noon.

L : I'm very sorry, indeed.

린다와 포울이 귀국을 앞두고 이야기를 나누고 있다。
회화중에 한국어가 들어 있기 때문에 포울이 다시
물어본다。

L : Do you know any place I can buy Gipsin?

R : 그렇습니까? 저는 린다·로우예요.

　훌륭한 파아티군요, 그렇죠?

G : 예, 그렇군요.

G : 아이쿠, 실례했읍니다, 미쓰 로우. 책이 상하지나

　않았으면 다행입니다만.

R : 아뇨, 괜찮습니다. 너무 신경쓰지 마세요.

L : 너무 늦어서 죄송합니다. 길이 어떻게나 혼잡한지

　모를 지경입니다.

P : 오, 괜찮습니다.

L : 오래 기다리셨죠?

P : 12시 정각에 도착했읍니다.

L : 정말 죄송합니다.

L : 어데서 짚신을 팔고 있는지 모르나?

P : Beg your pardon.

L : I mean Korean clogs, Gipsin.

P : Do you mean Gipsin?

L : Yes. Do you know any store?

P : Yes, I know there's one at Sechong ro.

L : Oh, is there?

Excuse me. Excuse me。 나 I'm sorry。 나 때와 장소
에 따라 한국어로는 마찬가지로 번역되는 경우가 많
다。 그러나 양자의 근본적인 차이는 an offense
(罪)가 있느냐 없느냐에 달려 있다。 다른 사람에게
단순히 미안한 감을 느꼈을 때의 「미안합니다。」「좀
실례합시다。」에 해당하는 것이 I'm sorry。 이다。
예를 들어 만원버스에서 내리려고 사람들을 헤치고
나올 경우는 Excuse me。 다른 사람의 발을 밟았을
경우 I'm sorry。 라고 기억하면 된다。

I beg your pardon 어조에 따라 Excuse me。 로도 I'm
sorry。 로도 된다。 전체적으로 가볍게 발음하면 전
자, beg 에 액센트를 주어 성의껏 발음하면 후자의
의미가 된다。 I를 생략하고 끝을 올려 발음하면 「한
번 더 밀씀해 주십시요。」의 의미가 된다。

P : 뭐, 뭐라고 ?

L : 한국의 신발말이야, 짚신.

P : 짚신이야。

L : 그래。 어느 상점인지 아나 ?

P : 응。 세종로에 한 집 있지。

L : 오, 그래 ?

「모처럼 맛있는 쥐를 놓치게 해서 미안해요。」

7. 부탁할 때

미스터 길버트가 미쓰 로우에게 프랑스어를 가르 처줄 사람을 물색해 달라고 부탁하고 있다。

G : Miss Rowe, would you mind helping me?

R : What can I do for you?

G : I want to study French. Do you know any one who would teach me?

R : No, not at the moment. I myself am too busy, but I'll think it over.

G : Please do, I'll be very grateful.

R : Yes, I'll think it over.

G : Thank you very much.

R : Not at all.

이번에는 미쓰 로우가 미스터 길버어트에게 편지를 포스트에 넣어달라고 부탁하는 장면이다。

R : Please help me, Mr. Gilbert.

G : Of course.

R : I'd like this letter mailed. Would you mind doing it?

G : I'd be glad to.

─────────────Asking a Favor

G : 미쓰 로우 부탁이 있는데요?

R : 무슨 부탁이십니까?

G : 프랑스어를 공부하고 싶은데 가르쳐줄 사람, 아는 사람 없으십니까?

R : 지금은 저가 무척 바쁩니다. 그러나 생각해 보지요.

G : 대단히 감사합니다. 아무쪼록 부탁드립니다.

R : 예. 잘 생각해 보지요.

G : 감사합니다.

R : 뭘요.

R : 미스터 길버어트, 부탁이 있는데요?

G : 무엇이던지 부탁하십시요.

R : 이 편지를 부치고 싶은데,
    이걸 부쳐주시겠읍니까?

G : 기쁘게 부쳐드리지요.

미스터 길버어트가 미쓰 로우에게 우산을 빌리는 장면이다。

G : Would you mind lending me your umbrella?

R : No.　Here it is.

G : Thank you.　I didn't bring mine with me to-day.

R : You didn't?

G : I'll return this tomorrow.

R : Oh, don't bother.　Any time will do.

G : Thank you.

미쓰 로우가 행인(stranger)에게 역으로 가는 길을 묻고 있다。

R : Excuse me, but would you please show me the way to the station?

S : Surely.　Keep on going to the second intersec-tion.　Then, you'll find it on your right.

R : Thanks very much indeed.

S : You're welcome.

미스터 길버어트가 미쓰 로우에게 스페인어로 쓰인 편지를 해독해 달라고 부탁하는 장면이다。

G : Will you help me, Miss Rowe?

R : I'd be glad to.

G : I want you to translate this Spanish letter.

R : All right.　Let me see it.

G : 죄송하지만 우산 좀 빌려주시지 않겠읍니까?

R : 아, 좋습니다。 빌려드리지요。
G : 감사합니다。 오늘은 못가져왔읍니다。
R : 그렇습니까?
G : 내일 돌려드리겠읍니다。
R : 괜찮습니다。 언제라도 상관 없읍니다。
G : 감사합니다。

R : 실례지만 역으로 가는 길을 가르쳐주시겠읍니까?

S : 예, 두번째의 네거리까지 곧장 가시면 오른쪽에 있
   읍니다。
R : 참으로 고맙습니다。
S : 뭘요。

G : 미쓰 로우, 좀 도와주시겠읍니까?
R : 예, 기꺼이 도와드리죠。
G : 이 스페인어로 쓰인 편지를 번역해주셨으면 하는데。
R : 예, 좀 보여 주십시요。

포올이 친구인 린다에게 말을 전해줄 것을 부탁하는
장면이다。

P : There's something I want to ask you.

L : What is it?

P : Would you tell George to call me today?

L : I will.   What time?

P : Any time before 5 o'clock.

L : All right!

P : Thank you.

L : You're welcome.

린다가 포올에게 무엇인가를 부탁하고 있다。

L : Do me a favor, will you?

P : What is it?

L : Hand this book over to Sam when you meet
him, will you?

P : Certainly.

L : Thanks.

P : Not at all.

Won't you…? 는 「～하지 않겠읍니까?」라는 권유의뜻이지
의뢰의 뜻은 아니다。

please …라는 의뢰의 방법보다 will you …? 쪽이

P : 좀 부탁이 있는데요?

L : 어떤 부탁이신지요?

P : 죠지에게 오늘 저에게 전화를 걸도록 전해주시겠
   읍니까?

L : 그러죠。 몇시에?

P : 5시까지라면 언제든지。

L : 알겠읍니다。

P : 감사합니다。

L : 뭘요, 괜찮습니다。

L : 좀 부탁이 있는데。

P : 뭔데。

L : 샘을 만나면 이 책 전해주지 않겠어?

P : 그러지。

L : 고맙네。

P : 뭘。

정중한 말씨이고, would you …? 쪽이 will you 보다
가장 정중한 말씨이다.

이 외에 I wonder if you would help me。 라는 말
이 있는데 폭 넓게 사용된다.

8. 감상을 말할 때 ————

피크닉을 갔던 미쓰 로우는 화구를 펼치고   산록의
아름다운 경치를 열심히 그리고 있다。 거기에 미스
터 길버어트가 다가왔다。

G : What are you doing there, Miss Rowe?
R : I'm drawing a picture.
G : Let me see it.
R : I haven't finished yet.
G : Well, not bad.
R : Thank you, Mr. Gilbert.

그림을 다 그린 미쓰 로우와 미스터 길버어트가 전
망대에 서서 주위의 경치를 바라보고 있다。 밝게 개
인 하늘, 아름다운 녹색의 산, 그리고 검푸른 호수
가 그림처럼 보인다。

G : There's a good view from here.
R : This is beautiful!
G : It is fine, isn't it! I like that lake near the
   mountain.
R : This is one of the finest views I've ever seen.

Appreciation

G : 미쓰 로우,거기서 뭘 하고 계십니까 ?

R : 그림을 그리고 있읍니다。

G : 보여 주십시요。

R : 아직 끝마치지 못했읍니다。

G : 여간 좋지가 않군요。

R : 감사합니다。 미스터 길버어트。

G : 훌륭한 경치군요。

R : 오, 아름다워。

G : 멋지군요, 그렇죠? 산록에 있는 저 호수가 참으로 좋군요。

R : 이처럼 훌륭한 경치는 처음으로 보는군요。

돌아오는 버스간에서 두 사람은 최근에 본 영화에
대해 대화를 나누고 있다。

R : Have you seen Hitchcock's latest movie?
G : Yes, I've seen it. It's not bad at all.
R : How do you like the scene at the end?
G : It's rather good. I like that part best.
R : So do I. Have you seen the controversial
    Swedish movie, too?
G : I saw it. It was pretty bad.
R : I haven't seen it yet.
G : I don't recommend it. Frankly, I didn't like
    it at all.

신혼인 린다와 포올이 새 소오파를 사러, 데파트의
가구점으로 갔다。 그중 아름다운 소오파가 린다의
눈에 퍼뜩 띄었다。

L : Oh, beautiful! Let's take a closer look, Paul.
P : Yes, lovely sofa, isn't it!
L : I like this color best.
P : And it looks comfortable, too.
    (Linda sits on the sofa.)
P : How does it feel, Linda?
L : It couldn't be better!

R : 최근의 히치코크영화를 봤드랬어요?

G : 예, 봤읍니다。 좋더군요。

R : 라스트씬이 어때요?

G : 참으로 좋았어요. 가장 좋은 부분이죠.

R : 저도 그렇게 생각해요. 문제의 스웨덴 영화도 보
    셨어요?

G : 보았읍니다. 별로 좋지가 않더군요.

R : 저는 아직 못보았어요 。

G : 권하지 않겠습니다。정말이지 조금도 재미가 없었읍
    니다。

L : 어머 ! 아름다워。 좀더 가까이서 봐요.

P : 응, 아름다운 소파군.

L : 색이 마음에 들어요.

P : 그리고 앉으면 푹신푹신할 것 같애.

    (린다가 앉아본다.)

P : 기분이 어때?

L : 최고예요.

크리스마스 파아티에서 린다와 포올이 선물을 교환
하고 있다.

P : Here's a little present for you.

L : Oh, thank you.　And I have one for you, too.
Here it is.

P : Gee!　Thanks a lot.　What can it be, I won-
der?

L : Open it, Paul.

P : OK.　Ummm!　An album!　It's just what I
wanted.　Thank you ever so much.

L : Not at all.　Oh, say, what's this?　Oh, a sweater!
Wonderful!　How nice of you!　I really ap-
preciate it, Paul.

P : You're welcome, Linda.

not bad　　「괜찮은 편이다.」 같은 불건을 볼 경우에도 사
람에 따라 overstatement를 하는 사람도 있고 under-
statement를 하는 사람도 있다. 학과시험에서 같은 75
점을 받았어도 「이번은 괜찮은 점수를 땄다.」고 여기
면 overstatement, 「겨우 그렇게 밖에 안됐나?」라고
하면 understatement이다. Not bad는 understatement
이면서도 「그만하면 괜찮은 편이다.」라는 뜻.　반대로
It isn't very good. 라 하면 「조금 나쁘다.」의 정도가
아니라 「아주 나쁘다.」라는 뜻.

P : 조그마한 선물이지만。

L : 고마워요。 저도 마련했어요。
자 이거예요。

P : 야, 고맙군 무얼까?

L : 열어보셔요。

P : 응, 야 앨범, 바로 내가 원하던 거군。 참으로 고
마와。

L : 뭘요。 그렇게까지。 이건 무엇이예요? 어머, 쉐타!
아름다워라。 당신은 정말 친절해요。 포올, 전 정
말로 감격할 뿐이예요。

P : 뭘, 린다。

It can't be better 「최고다。」 이 이상은 없다는 뜻。 너무
과장된 표현같지만 뜻을 강조하기 위해 흔히 쓰인다。
지난 주 감기로 결근한 친구에게 How are you? 라고
물었을 때 Can't be better. 라고 대답하면 그로써는
최고의 컨디션——「아주 건강하다。」라는 기분으로 생각
하면 좋다。

9. 맞장구칠 때 ————

회화의 진행에는, 맞장구를 치는 말이 필요하다。 맞
장구에는 Yes 나 No. 만이 아니고 I see. 또는 Is
that so? 그외에도 여러가지가 있다。 처음에는 가
장 간단한 것, 다시 말해서 동사나 대명사의 반복
사용법에서부터 시작해 보자。

I'm a secretary.
　Are you?
I like fruit.
　Do you?
I can speak French.
　Can you?
I have a friend in Australia.
　Do you?
I was from Canada.
　Were you?
I'm not a teacher.
　Aren't you?
I don't like sweets.
　Don't you?
I can't type.
　Can't you?

Responses

나는 비서입니다.

그렇습니까?

나는 과일을 좋아해요.

그래요?

나는 프랑스말을 할 수 있읍니다.

그렇습니까?

나는 오스트랄리아에 친구가 있읍니다.

그렇습니까?

나는 캐나다에서 태어났읍니다.

그렇습니까?

나는 선생이 아닙니다.

그렇습니까?

나는 단 것은 좋아하지 않습니다.

그렇습니까?

나는 타이프는 치지 못합니다.

그렇습니까?

I wasn't free.

Weren't you?

He's in Seoul.

Is he?

He'll visit us.

Will he?

He won't come.

Won't he?

He can't go next week.

Can't he?

이 외에 Wonderful, Of course, Is that so? 따
위의 맞장구를 삽입함으로써 회화가 제대로 생기있는
것이 된다.

L : I visited the States during the summer.

P : You did! Wonderful!

L : But I didn't like New York very much.

P : Of course not.

L : Will you ever visit the States?

P : I rather doubt it.

L : In spite of busy New York, America is facina-
ting.

P : Is that so?

나는 자유롭지 못합니다.

그렇습니까?

그는 서울에 있읍니다.

그렇습니까?

그는 우리를 방문할 것입니다.

그렇습니까?

그는 오지 못할 것입니다.

그렇습니까?

그는 내주 가지 못합니다.

그렇습니까?

L : 여름에 미국에 갔다 왔지.

P : 그래 ! 멋 있군.

L : 그러나 뉴요크는 그렇게 좋지 않더군.

P : 그럴거야.

L : 미국을 방문할 일이 있나?

P : 생각지도 않네.

L : 뉴요크는 눈이 돌 지경이지만, 역시 미국은 매력
    적인 곳이야.

P : 그래?

아래의 회화는 이미 3 명이 사내애를 가진 미스터 길
버어트에게 처음으로 여자애가 태어났음을 들은 미
쓰 로우가 축하의 말을 전하고 있다。

G : My wife just had a baby — and it's a girl this
    time. My wish was granted.
R : Is that right! Well, congratulations, Mr. Gil-
    bert.
G : Thanks, Miss Rowe.

이번에는 포울이 친구인 토미에게 관해 린다에게 이
야기하고 있다。

P : Tommy doesn't come around these days.
    I wonder what's happened to him.
L : Oh, haven't you heard? He just got married.
P : Married? You don't say!
L : Sure! I met him in Cheju-do last Sunday.
    His wife was right behind him.   Was I
    embarrassed!
P : I bet he was embarrassed, too.

맞장구에 따라서 상대방에 주는 인상이 여러가지 로 달라신다
에를 들어 "I received all A's in the examinations.
(시험에서 전과목 A학점을 땄다.) 하고 기뻐하는 친구에게
Of course. 라고 맞장구치면 「너라면 당연한 일이야。」라는
뜻이되고 you   didn't ! 라면「야아, 정말이야 !」하고 커다란
놀라움 을 표시하는 것이 되고, It's just likely. 라면「그렇게까
지 됐어?」하고 빈정거리는 투로 들리고, Is that so? 라면「아,
그래?」하고 가벼운 놀라움을 표시하는 말이 된다。

G : 내 처가 해산했읍니다。 이번에는 여자아이에요。
　　내 소원이 성취되었읍니다。
R : 그렇습니까 ! 정말로 축하드립니다。 미스터   길버
　　어트。
G : 감사합니다。 미쓰 로우。

P : 토미가 요즈음 통 나타나지 않은데 무슨 일이 생겼
　　는지 모르겠군。
L : 아, 아직 못 들었어 ? 바로 결혼했는데。
P : 결혼 ? 정말이야 !
L : 정말이고 말고。 지난 일요일 제주도에서 만났는데,
　　부인과 함께였어。 조금 쑥스러워지던 걸。

P : 그도 역시 쑥스러웠을 거야。

L : Yes, I bet he was.

P : No wonder he doesn't come around, he's got himself attached !

맞장구중에는, 자기도 상대방이 말하는 대로라고 생
각될 때에 사용하는 so do I. 또는 I don't either.
가 있다. So do I. 는 긍정의 경우, I don't either.
(또는 Neither do I.) 는 부정의 경우이다。
과거의 경우라면 do 나 don't 는 당연히 did 나 didn't
로 된다。
다음에 린다와 포올의 회화에 주의해 보자。

L : I like concerts.

P : So do I.

L : But, I didn't enjoy the last one.

P : I didn't either.　The pianist wasn't good.

L : Possibly.　But, I thought the singer was worse.

P : Really?

Were you?　　상대가 I was …로 말했을 경우의 맞장구는
　　　　　　Were you …? 이지 Was you? 가 아니다。
　　　　　　가장 많이 틀리는 곳이므로 주의할 것.
the States　　The United States of America 즉 미국。
　　　　　　the States 는 그 약자이다。America 라 해도 좋지만,
　　　　　　America 는 북아메리카 (North America) 나. 남아메리카

L : 물론 그렇지。

P : 그러니 그가 요즈음 안나타나는 것도 이상할건 없
  지。엄처시하이니까。

L : 음악회를 좋아합니다。

P : 나도 그렇습니다。

L : 그런데 일전의 것은 좋지 않았읍니다。

P : 나도 그렇게 생각합니다。피아니스트가 안 좋았지요。

L : 그렇죠。더구나 가수는 더 형편없었지요?

P : 정말 그랬죠!

   (South America) 에도 쓰이므로 의식적으로 the States
     를 사용해서 구별하는 사람이 많다。

receive A's   채점에서 A학점을 따다。ABCD 로 구별해
     서 90점 이상이면 A。

Congratulations   축하하다。보통 끝에 s가 붙는다。

10. 되물을 때

포올이 차의 열쇠를 넣은 지갑을 어데서 잊은 것이
라고 생각되어, 토미에게 물어보는 장면이다。

P : Have you seen my wallet, Tommy?
I can't find it.

T : Your what?

P : My wallet.

T : No, I haven't.　Did you have it yesterday
when you came here?

P : I'm sure I brought it.

T : How much money did you have in it?

P : Pardon?

T : How much money did you have in it?

P : Not much.　It isn't the money I'm looking for,
but my car keys.

T : When did you see it last?

P : Let me think.　I put it into my bag, and then
…… Oh, yes, now I remember!
It's in my raincoat pocket.

—— How to Ask People to Repeat

P : 토미, 내 지갑이 보이지 않는데, 혹시 보지않았나?

T : 자네의 무엇?
P : 내 지갑말야。
T : 아냐, 보지 못했는데。어제 여기 왔을 때 가지고
　　왔었나?
P : 틀림없이 가지고 왔는데。
T : 얼마나 들어있었나?
P : 뭐라고?
T : 돈이 얼마나 들어있었나?
P : 많지는 않아。내가 찾고 있는 것은 돈이　아니라
　　그 속에 들어있는 내 차의 열쇠일세。
T : 마즈막으로 본 것은 언제인가?
P : 글쎄…… 빽에 넣고나서……아아, 그렇다。이제　생각
　　난다! 레인코트의 호주머니다。

폴슨이 소득세보고서를 작성하고 있는데, 토미가 이
야기를 걸고 있다.

P : I'm filling out my income-tax return.

T : What? Income-tax?

P : Yes. My income-tax return. It's due this
month. I have to finish it by the fifteenth.

T : How about calling me after you finish it?
Maybe we can get together tonight.

P : O. K. But before I call you, I have to see the
manager; we're having a little trouble.

T : Oh? What's happened?

P : Our agent claimed in a letter that he hasn't
received the money we sent the other day.

T : That's too bad. I hope it'll be settled soon.

미스터 길버어트와 울바닌이 이야기를 나누고 있는
데, 소리가 작아 잘 들리지 않았으므로, 다시 물어
보고 있다.

G : What time is it now?

U : Pardon me?

G : I asked you what time it is.

U : Oh, it's three fifteen. We have to hurry.
We're going to meet George in front of

P : 소득세보고서를 작성하고 있는 참이야。

T : 뭐, 소득세보고서?

P : 그래, 소득세보고서야。 이달이 기일이기 때문에
15일까지 끝마치지않으면 안되게 돼 있어。

T : 끝나면 우리집에 들리지 않겠나? 오늘밤 모두들
모일 거야。

P : 좋아。 자네 집에 가기전에 지배인을 만나지 않으
면 안되네。 약간의 트러블이 있었지。

T : 어? 무슨 일인데?

P : 전날 대리점에 송금한 것을 아직 받지 못했다 는
편지가 왔네。

T : 그것 참 안됐군。 곧 해결되어야 할 텐데。

G : 지금 몇시죠?

U : 뭐라고 하셨죠?

G : 몇시냐고 물었읍니다。

U : 아, 3시 15분입니다。 서둘러야 하겠읍니다。
효창구장 앞에서 죠지를 만나기로 했으니까。

Hyochang Stadium.

G : Where ?

U : At Hyochang Stadium. He's got tickets for us.

G : I wonder what kind of tickets he bought.

U : Well, you know George. He probably bought the cheapest ones.

G : Do you know how much a reserved seat is?

U : Yes, it's ₩2, 500.

G : That much?

U : Yes, it is.

G : That's awfully expensive. George probably bought ordinary tickets.

조오이 토미에게 그의 복싱을 가르쳐주는 사람에 관해 물어보고 있다.

P : What's the name of the man who teaches you boxing?

T : You mean Mr. Ultra of the Sports Newspapers?

P : Oh, yes.

T : What about him?

P : I wonder if he would help me.

T : With what?

G : 어데서요?

U : 효창구장에서。 입장권은 그가 가지고 있읍니다。

G : 어떤 입장권을 샀을까요?

U : 죠지를 잘 아시죠。 아마 가장 싸구려로 샀을 겁니다。

G : 예약석이 얼마인지 아십니까?

U : 예。 2,500원이죠。

G : 그렇게 비쌉니까?

U : 그렇습니다。

G : 굉장히 비싸군요。 죠지는 아마 보통석으로 샀겠지요。

P : 군에게 복싱을 가르쳐 주시는 분의 이름이 무어지?

T : 스포츠신문사에 근무하는 미스터 울트라 말씀이십니까?

P : 응, 그래。

T : 그에게 무엇을?

P : 그에게 좀 부탁드릴까 하고。

T : 무엇을 부탁하시려고?

P : In explaining some technical terms of boxing.

T : Oh, I'm sure he'd be glad to.

income tax return 소득세 보고。

Pardon me 「무엇인데요?」하고 올리는 어조로 발음한다.

Beg your pardon. (무엇입니까?)이라고 말하면 더욱 정중한 말씨가 된다.

P : 복싱의 전문용어를 해석받으려고。
T : 아, 틀림없이 기쁘게 해주실 겁니다。

11. 말을 걸 때 ▬▬▬▬

미스터 길버어트가 특급 통일호로 서울에서 부산까
지 가는 참이다. 승객T 에게 이야기를 걸고 있다.

G : Excuse me, is this seat 10 D?

T : Yes, I think so.

G : Thank you. (Gilbert takes a seat.)

G : Is smoking allowed in this coach?

T : Yes, it is.

G : Won't you have a cigarette?

T : Thank you. How far are you going, may I
    ask?

G : I'm going to Pusanjin.   I understand Pusa-
    njin · Station is a bit far from the center of
    the city.

T : It is, but you can get to the heart of the town
    in less than 10 minutes by train.

G : Well, that's convenient. By the way, permit
    me to introduce myself. Gilbert is my name.

T : Pleased to know you, Mr. Gilbert. My name
    is Tommy Ulbanin.

G : It's nice meeting you, Mr. Ulbain.

G : 실례지만 이 좌석은 10 D 입니까?

T : 에, 그런 겁니다.

G : 감사합니다。 (길버어트、좌석에 앉는다。)

G : 이 차에서는 담배를 피워도 괜찮습니까?

T : 에。 그렇습니다.

G : 담배 태우시지 않겠읍니까?

T : 감사합니다。 어디까지 가시는지요?

G : 부산진까지입니다。 부산진역은 시내 중심가에서 조금 떨어져있는 것으로 들었읍니다만.

T : 에, 그렇습니다。 그러나 전차를 타시면 시내 중심가까지 10분이면 갑니다.

G : 그것 참 편리하군요。 그런데 자기소개를 하겠는데 나의 이름은 길버어트라 합니다.

T : 처음 뵙겠읍니다。 나의 이름은 토미·울바닌 입니다.

G : 만나서 반갑습니다。 미스터 울바닌.

— 75 —

T : I'm glad to have someone to talk to during
my trip.

G: So am I.

다음은 미쓰 뽀우가 길을 잃고, 행인(stranger) 과
순경(police officer)에게 길을 묻는 장면이다。

R : Pardon me, but can you direct me to the Se-
oul Trading Company?

S : I'm afraid I can't. I'm also a stranger around
here. Maybe, a police officer in that police
station can help you.

R : Thank you just the same. Officer, can you
tell me where the Seoul Trading Company
is?

P : Wait a moment. It's in the three-story build-
ing behind the school building that you see
over there.

R : Thanks very much.

토미가 고속버스 터미널에서 길을 잃은 것처럼 보이
는 외국인에게 말을 걸고 있다。

T : May I help you?

S : Oh, thank you. Can you tell me where I can

T:여행중의 이야기 상대가 생겨서 기쁘기 짝이 없읍니다。

G:저 역시 그렇습니다。

R:실례지만, 서울무역회사로 가는 길을 가르쳐 주시겠읍니까?

S:나도 모릅니다。 이 근처는 나도 잘 모르는 곳입니다。 저 순경에게 물어보시는 게 어떻습니까?

R:폐를 끼쳤읍니다。 실례합니다。 서울무역회사가 어느 쪽에 있는지 가르쳐 주시겠읍니까?

P:조금 기다려 주십시요。 저편에 보이는 학교 저쪽에 있는 3 층건물입니다。

R:대단히 감사합니다。

T:도와 드릴까요?

S:오, 감사합니다。 어디서 표를 파는지 가르쳐 주시

get a ticket?

T : Yes, it's this way. Come with me, please.

S : Thank you very much.

T : There you are. At that ticket window.

S : Will this bus take me to Kimpo?

T : Sorry, this bus won't. The bus for Kimpo
is the next one.

린다가 약도를 들고 친구의 집을 찾아가려고 한다
포올이 택시타는 곳을 묻고 있다。

L : Excuse me, but where can I get a taxi near
here?

P : Right over there. Where do you want to go?

L : To a house near Hyochang Park.

P : Do you have the house number?

L : Yes, and a map, too.

P : Then it'll be easy. May I see it, please?

L : Surely. Here it is.

P : All right. I'll tell the taxi driver for you.

겠읍니까?

T : 이쪽입니다。 저랑 같이 오십시요。

S : 대단히 감사합니다。

T : 저기가 매표구입니다。

S : 이 버스는 김포까지 갑니까?

T : 아니요。 이 버스는 가지 않습니다。 김포행 버스는
   이 다음입니다。

L : 말씀 좀 묻겠읍니다。 이 부근에서는 어디서   택시
   를 잡는지요?

P : 조금 건너편입니다。 어디까지 가십니까?

L : 효창공원 근처의 집까지。

P : 집번지는 알고 있읍니까?

L : 에。 지도도。

P : 그렇다면 찾기 쉽겠군요。 좀 보여주시겠읍니까?

L : 에, 여기 있읍니다。

P : 알겠읍니다。 택시운전수에게 말해 드리죠。

포올이 토미에게 새로운 소식이 없느냐고 물어보고
있다。

P : Hello, what's new, Tommy?

T : Nothing in particular. How about you?

P : Nothing new. Maybe no news is good news.
Only I ran into George the other day.

T : Oh, is he back from Paris?

P : Yes. He came back last week. He asked me
about you. He wants you to meet his wife.

T : I'd like to. I wonder when we can get to-
gether.

P : George is coming over for dinner this Satur-
day. Please come and join us.

T : That'll be wonderful. I certainly will.

좋은 날씨이다。 토미가 산보하는 도중 포올을 만났
다。

T : Hello, Paul. Nice day, isn't it?

P : Yes, isn't it! Just like spring.
Going somewhere?

T : No, I'm just going for a walk.
How about you?

P : I'm going shopping. See you tomorrow.

P :여, 안녕。 토미。 뭐 별다른 일은 없었나?

T :응, 별로。 자넨 어떤가?

P :아무것도 없네。「무소식이 희소식」이겠지。 단지
   몇일 전에 죠지를 우연히 만났지。

T :오, 그가 파리에서 돌아왔나?

P :응。 지난 주에 돌아왔지。 안부를 묻더군。
   자네에게 그의 처를 만나주었으면 하던데。

T :만나고 싶군。 언제 만날 수 있을까?

P :이번 주 토요일에 죠지가 저녁을 하러 오기로 됐는데
   자네도 함께 하지。

T :그거 괜찮군。 그렇게 하지。

T :야아, 포올。 좋은 날씨야, 그렇지?

P :응, 정말로 좋은 날씨야, 마치 봄날같애。
   어디로 가는 참인가?

T :아니야。 산보하러 나왔지。
   자네?

P :쇼핑하려고。 내일 만나。

T : Good-bye.

포윤이 오래동안 만나보지 못했던 도미를 만났다.

P : Hello, Tommy. I haven't seen you for a few
months. Were you on a trip?

T : Yes, I was in Hong Kong on business. I just
got back yesterday.

P : Well, how is Hong Kong this time of the
year?

T : It's full of hundreds of thousands of sightseers
now. It's the best season for traveling, you
know.

P : I bet. I'm glad I'm supposed to visit Hong
Kong in the winter, not in the sightseeing
season.

The heart of the town.   시가지 중심지
nothing in particular   별다른 일은 없다。 별고 없다。

T : 굳바이。

P : 야아, 토미。 2, 3개월간 통 못 만났는데。
　　여행이라도 갔었나?
T : 응。 출장으로 홍콩에 갔었지。
　　바로 어제 돌아왔네。
P : 그래, 요즈음 홍콩은 어떤가?

T : 몇십만명이라는 관광객으로 가득 찼지。 자네도 알
　　다시피 여행하기에는 최고의 계절이니까。

P : 그렇군! 나는 관광씨즌이 아닌 겨울철에 가게　되
　　었으므로 천만다행이야。

12. 기분을 나타낼 때 ━━━━━

포운이 왠 일인지 원기가 없다고 생각되던 참에 과
연 약간의 증세가 나타났다。

P : I'm going to see Dr. Jones. I need a physical
examination.

T: Don't you feel well?

P : Well, I feel tired all the time.

T: Are you taking vitamins?

P : No, I'm not. I don't need vitamins.

T: Yes, you do. I'll go to the drugstore and buy
some vitamin pills.

P : Let's wait until I see the doctor.   He may
prescribe medicine if necessary.

린다가 포운에게 휴가기간의 일을 묻고 있다。 「참
으로 동감이다。」라는 기분을 포운이 멋지게 표현하
고 있다。

L : Did you have a nice vacation?

P : Yes. The whole family went camping at Ma-
llipo.

How to Express Feelings

P : 신체검사를 해야하므로 이제부터 존스박사안테 가 봐야겠군。

T : 기분이 좋지 않은가?

P : 응。 항상 피로한 것 같아。

T : 비타민을 먹고 있나?

P : 아니。 먹지 않아。 비타민은 필요없을 것 같아。

T : 아니야。 필요해。 약방에 가서 비타민제를 좀 사다 주지。

P : 내가 의사에게 갈 때까지 기다리게。 만약 필요하다 면, 약의 처방을 해주겠지。

L : 즐거운 휴가를 보내셨어요?

P : 에。 가족 전체가 만리포에 캠핑을 갔지요。

L : I hear it's a beautiful place. I bet you did a lot of fishing.

P : That's how we spent most of our time.

L : Did you stay in a cabin?

P : No. We set up a tent near a lake. It was a lot of fun.

L : I bet it was. How long were you gone?

P : Just two weeks. I wish we could've stayed all summer. But I had to get back to work.

L : That's the bad thing about vacations.

P : How true. Did you go somewhere?

L : I didn't go any place. I'm saving my money. Next summer I'm planning on taking a trip to Hawaii.

P : That sounds great. Let me join you in the traveling, if I can save enough money.

L : You'll be welcome. I'd really enjoy having you along.

prescribe medicine 약의 처방

That sounds great. 멋지다。훌륭하다。

That's the bad thing about ~이 아니었다면 좋았을 것인데。

L : 아름다운 곳이라고 들었읍니다。 낚시도 많이 하셨
　　겠군요。

P : 거이 대부분을 낚시질하면서 보냈읍니다。

L : 오두막집에 머물렀읍니까?

P : 아니요。 호수근처에 텐트를 쳤지요。 매우　재미있
　　었읍니다。

L : 재미있었을 거에요。 얼마나 계셨읍니까?

P : 딱 2주일입니다。 여름철을 전부 보내고 싶었지만
　　일때문에 돌아가지 않으면 안되어서。

L : 휴가중에는 그런 일이 없었으면 좋았겠는데。

P : 참말 그렇죠。 당신은 어디로 갔었읍니까?

L : 저축하고 있기때문에 어디에도 가지못했읍니다。
　　내년 여름에는 하와이에 여행할 계획입니다。

P : 그거 굉장하군요。 나도 충분한 돈을 저축하면　같
　　이 참가시켜 주십시요。

L : 물론이지요, 당신과 함께라면 참으로 즐거울 거에
　　요。

13. 꾸짖을 때

레스트랑에서 포올이 주문한 스파게티가 한참 지났
는데도 나오지 않는다. 포올이 웨이터에게 독촉하고
있다.

P : What's happened to my spaghetti?
   I've been waiting for half an hour.
W: I'm very sorry, sir. It'll be ready in just a few
   more minutes.
P : Well, hurry up. I have to catch a plane.

W : Yes, sir. (A few minutes later.) Here you are,
   sir. I'm very sorry to have kept you waiting
   so long.
P : That's all right. Well, I have to eat in a hurry.

최근에 산 트랜지스터의 음질이 좋지 않아, 포올이
샀던 상점에 들고 가서, 점원에게 물어보는 장면이
다.

P : I bought this transistor-radio here last month,
   but something went wrong with it.
C : I see. What seems to be the trouble?
P : Well, the sound isn't clear; sometimes it's

─────────────How to Complain

P : 내가 주문한 스파게티는 어떻게 된 거야?
   30분이나 기다렸는데。
W : 대단히 죄송합니다。 곧 준비되어 나올 것입니다。

P : 빨리 해 주게。 비행기를 타야 하니까。

W : 알겠읍니다。 (몇분후) 다 되었읍니다。 참으로 오
   래 기다리게 해서 죄송합니다。

P : 괜찮아, 자, 빨리 먹지않으면 안되겠군。

P : 지난달, 여기서 이 트랜지스터를 사갔는데 아무래
   도 좋지가 않군요。
C : 그렇습니까? 어디가 좋지 않습니까?
P : 소리가 맑게 나지 않습니다。 때때로 잡음이 섞여

jarring and grating to my ears.

C : That's very unusual.   We've never had any complaint like that before.

P : Well, I must have got a lemon.

C : Let me see it, please.   Oh, I found why it doesn't work well.   The electric battery has run down.   You'll have to change it.

P : Will you get me a new one?

C : Very well, sir.   (A second later.)   Here you are, sir.

P : Well, it sounds all right, now.   How much do I owe you?

C : It's ₩150, sir.

이번에는 배달시킨 그릇이 깨어져 있었으므로, 포을
이 샀던 상점 점원(salesgirl)에게 바꾸어   달라고
부탁하는 장면이다.

S : Can I help you, sir?

P : Yes, I bought a set of folk-craft dishes here yesterday, but when I opened the box at my hotel, I found two dishes were cracked.

S : I'm very sorry, sir.   Did you bring the damaged merchandise with you?

P : Yes, here you are.

서 나는데요.

C : 그것 참 이상하군요. 그런 불량품은 지금까지 취
급해보지 않았읍니다만.

P : 입맛 쓰게도 하필 내가 산 것이.

C : 보여주시겠읍니까? 오, 왜 제대로 맑은 소리가 나
지 않았는지 알겠읍니다. 밧데리가 끊어졌군요. 잠
아끼지 않으면 안되겠는데요.

P : 새 것으로 넣어 주십시오.

C : 예, 그러죠. (잠시 후에)
자, 다 됐읍니다.

P : 이제야 소리가 제대로 나는군. 얼마를 드리면 되
죠?

C : 150원입니다.

S : 무엇입니까?

P : 이제 여기서 민예품(民芸品)의 접시 한 세트를 샀
었는데, 호텔에서 상자를 풀었더니 접시 2개가 깨
어지 있더군요.

S : 대단히 죄송합니다. 그 물건은 가지고 오셨읍니까?

P : 예, 여기 있읍니다.

S : We'll exchange them for new ones immediately.
(A few minutes later) Sorry to have kept you
waiting, sir. They are carefully wrapped this
time, sir. We are very sorry to have incon-
venienced you.

P : Thanks very much.

goes wrong	나빠지다。
jarring and grating	잡음이 들리다。
get a lemon	입맛이 쓰다。
crack	깨지다。 금가다。
inconvenience	불편을 끼치다..

S : 곧 새것으로 교환하여 드리겠읍니다。

　(몇분후) 기다리게 해서 죄송합니다。 이번에는 주
　의깊게 포장했읍니다。 공연히 심려를 끼쳐서 참으
　로 죄송합니다。

P : 대단히 감사합니다。

「아직 충분히 시간에 대어 가시리라 생각하는 댑쇼。」

14. 조의의 뜻을 표할 때 ─────

미스터 색키스가 돌아가시서 포옹이 장례식에. 가는
참인데, 린다와 만났다.

L : Where are you going?

P : Well, I'm going to attend the funeral for Mr.
Jackis. He died of cancer the day before
yesterday.

L : What? Is Mr. Jackis dead? Oh, no!

P : Yes, he was sick for only a short time.
When he knew it, it was too late.

L : I'm very sorry.

P : Yes, it's very sad for his family.

L : I'm afraid I won't be able to attend the fu-
neral service. Will you convey my sincere
sympathy to them.

P : Yes, I will.

L : Well. I must be going. Good-bye.

P : Good-bye.

L : 어디로 가세요?

P : 미스터 잭키스의 장례식에 가는 길입니다.   어제 암으로 돌아가셨읍니다.

L : 에에? 잭키스씨가 돌아가셨다구요?

P : 에。 그것도 짧은 기간만 앓고나서지요。 그가 알아 차렸을 땐 손을 쓰기엔 너무 늦었죠。

L : 참으로 안됐군요。

P : 그렇죠。 가족들에게 매우 슬픈 일이지요。

L : 장례식에 참석하지 못하므로 가족들에게 아무쪼록 나의 슬픈 동정을 전해 주십시요。

P : 에。 그렇게 하죠。

L : 그럼 가봐야겠군요。 안녕히 가세요。

P : 안녕히。

이번에는 톰슨씨가 교통사고로 사망했다는 소식을
포올에게 듣고 토미가 놀라고 있다。

T : Really ? I talked with him only last night.
P : It was a traffic accident.
T : How did it happen?
P : It was a car-truck collision. His car slidded on
    the wet road and collided head-on with an on-
    coming truck.
T : Was he seriously injured?
P : He was killed instantly.
T : That's terrible. I really sympathize with the
    bereaved family.
P : I'm going to visit them tomorrow again.
T : Please give my condolences to Mrs. Tomson.
P : I will.
T : Thank you, Paul.

die of ~ (의 .원인)으로 죽다。**funeral service** 장례식。
collision 충돌。   **collide head-on** 정면충돌하다。
on-coming 맞은 편에서 오는。
bereaved family 유족

T : 정말이야? 바로 어제 밤에도 이야기를 나눴는데。

P : 교통사고야。

T : 어떻게 된 사고야?

P : 트럭과 충돌했어。 비에 젖은 길에서 그가 탄 차의
타이어가 미끌어져서, 맞은 편에서 오던 트럭과
정면충돌한 거야。

T : 중상인가?

P : 즉사야。

T : 그건 너무한데。 유가족들에게 참으로 애도를 표하네。

P : 내일 다시 찾아가 볼 작정이야。

T : 미세스 톰슨에게 아무쪼록 나의 애도의 뜻을 전해
주게。

P : 그러지。

T : 고맙네 포올。

15. 헤어질 때 ────

미스터 길버어트의 댁을 방문했던 미쓰 로우가 작
별인사를 하고 있다。

R : Good-bye. Thank you for the pleasant after-
noon.
G : Please come again.
R : I'd like to. Good-bye. Thanks again.

G : Good-bye, Miss Rowe.

미스터 길버어트가 출근길을 서두르는데 우연히 맞
은편에서 오던 미쓰 로우와 만났다。 그러나 서로 바
쁜 출근길이므로 두세마디 건네고 작별하는 장면이
다。

G : Good morning, Miss Rowe.
R : Good morning, Mr. Gilbert.
G : Heading for your office?
R : Yes. Getting late.
G : Better hurry!
R : Yes. So long!
G : Bye, bye!

R : 굿바이。 덕택에 즐거운 오후를 보냈읍니다。

G : 아무쪼록 다시 오십시요。

R : 예, 다시 들리겠읍니다。 그럼 안녕히, 대단히 고
마웠읍니다。

G : 안녕히, 미쓰 로우。

G : 안녕하십니까, 미쓰 로우?

R : 안녕하세요, 미스터 길버어트。

G : 회사로 가는 길입니까?

R : 예, 늦은 것 같군요。

G : 그럼 어서 가보세요。

R : 예, 실례。

G : 바이, 바이。

포올이 내일의 시험을 앞두고 열심히 공부하고 있
다。 린다가 시험을 잘 치라고 말한다。

L : When is your examination?
P : Tomorrow morning.
L : Good-bye and good luck.
P : Thanks, Linda.

먼 여행을 떠나는 린다를 전송하려고 포올이 부두
에 나와 있다。

P : Bon voyage! Have a good trip, Linda.
L : Thank you, I hope I do.
P : Don't forget to write.
L : No, I won't.

포올이 잔무때문에 야근하고 있다。 밤도 깊어가는
참인데, 한발앞서 린다가 회사에서 돌아가게 되었
다。

L : Well, night shift, Paul?
P : Yes, a long way to go.
L : Take it easy. Good night.
P : I sure will. Good night.

L : 시험은 언제죠?

P : 내일 아침。

L : 그럼 시험 잘 쳐요。

P : 고마워요, 린다。

P : 몸 건강히, 즐거운 여행을 하시기를!

L : 고마워요。 저도 그렇게 되길 빌어요。

P : 편지 잊지 마세요。

L : 에。 잊지 않겠어요。

L : 어머, 포올 야근이세요?

P : 예。 아직도 멀었읍니다。

L : 무리하지 마세요, 그럼 안녕。

P : 안녕。

린다가 아메리카로 귀국하므로 포울이 공항으로 그
녀를 전송하러 나왔다.

P : Good-bye, Linda.　Have a good journey.

L : Thank you, Paul.

P : Remember me to your parents.

L : Yes, I will.

P : Drop me a line when you get there.

L : I'll do that.

P : Good-bye and good luck.

L : Thank you so much.　And good luck to you,
　　too.

포울이 카메라 2 대를 갖고 피크닉을 가는 길에 우연
히 린다를 만났다.

L : Out for a picnic?

P : Yes, to the national park.

L : Quite a photographer!

P : Yes, black and white and color.

L : Well, get some good shots.

P : Thanks.

이번에는 포울이 낚싯대를 메고 낚시가는 참이다.

L : Nice day, isn't it.

P : 굳바이, 린다。여행이 즐겁기를 비오。

L : 고마워요, 포올。

P : 양친에게도 아무쪼록。

L : 예, 그렇게 전하겠어요。

P : 도착하면 소식 주시오。

L : 그러겠어요。

P : 안녕히。행운을 비오。

L : 대단히 고마워요。저 역시 당신에게 행운이 깃들
기를。

L : 피크닉 가세요?

P : 예 . 국립공원까지。

L : 틀림없이 사진사 같군요。

P : 으응。흑백하고 칼라용이니까。

L : 그럼, 많이 찍고 오세요。

P : 고마워요。

L : 좋은 날씨군요。

P : Yes, it is, luckily.

L : Have a nice catch!

P : Tnanks.

린다가 토요일 오후, 거리에 쇼핑나가는 참에 포올을 만났다.

P : Good afternoon, Linda.

L : Oh, good afternoon, Paul.

P : Going downtown?

L : Yes, I'm going shopping.

P : Well, don't spend all your money.

L : Oh, I won't. Good-bye.

린다와 포올이 영화보러 가는 도중 친구인 토미를 만났다.

T : Hi, folks!

P : Hi, stranger!

L : Oh, hello.

T : Taking a walk?

P : Going to the movies

T : Have a good time.

L : Thanks, Tommy.

P : 에, 덕택에.
L : 고기가 많이 잡히기 바랍니다.
P : 감사합니다.

P : 안녕하십니까, 린다.
L : 안녕하세요, 포올.
P : 번화가로 가세요?
L : 예, 쇼핑이나 할까 하고.
P : 돈을 몽땅 쓰진 마세요.
L : 아, 말씀대로. 굳바이.

T : 야아! 두분이서 나란히!
P : 여어, 난 또 누구라고.
L : 어머! 안녕하세요.
T : 산보 나가는 길인가?
P : 영화보러 가는 참이야.
T : 재미 많이 보게.
L : 고맙네 토미.

16. 약 속 束 ─────────

어느 회사의 사원인 토미·울바닌이 오후에 사장님
을 뵈오려고, 비서인 미쓰 로우를 통해 어포인트멘
트를 얻기 위해 비서실에 들렀다。

U : Excuse me, Miss, but I am Tommy Ulbanin
  of the Business Department. I'd like to meet
  Mr. Paul Gilbert sometime this afternoon

R : Yes, Mr. Ulbanin.

U : What time could I come and see the presi-
  dent?

R : Well, let me see, Mr. Ulbanin . (Checks the
  appointment diary.) Mr. Gilbert is free be-
  tween two and three this afternoon.   Will
  you wait a moment? I'll ask the president.
  (Asking over the inter-phone) Sir, Mr. Ulbanin
  of the Business Department wants to see you
  this afternoon.   Will you be able to see him
  sometime between two and three?

P : All right. I'll see him at 2 : 30.

R : Yes, sir. (Facing Mr. Ulbanin.)
  The president will see you at 2 : 30.

U : 2 : 30?

R : Yes, 2 : 30.

U: 실례합니다。 저는 영업부의 토미 · 울바닌이라고합
   니다。 오늘 오후 포옴 · 길버어트 사장님을 만나뵈
   려고 합니다만。

R : 에。 미스터 울바닌。

U: 몇시쯤 사장님을 만나뵈러 올까요?

R : 글쎄요, 미스터 울바닌。 (사장의 탁상일기를 보면
   서) 미스터 길버어트(사장)는 오늘 오후 2 시부터
   3 시까지 시간이 있군요。 좀 기다려 주십시오。 사
   장님께 여쭈어 보지요。 (인터폰으로 이야기하면서)
   영업부의 토미 · 울바닌이 오늘 오후에   만나뵈고
   싶다는데요。 2 시에서 3 시사이에 만나실 수 있읍
   니까?

P : 좋아 2 시 30분에 만나지。

R : 알겠읍니다。 (울바닌을 향하여)
   사장님은 2 시 반에 만나시겠답니다。

U : 2 시 반입니까?

R : 에, 2 시 반입니다.

U : Then, I'll be here at 2 : 30. Thanks.

R : You're welcome.

폴·길버어트가 몇일내에 아메리카로 귀국하게
되어, 아메리카은행에 근무하는 미쓰 로우에게 전화
를 걸어 만난 약속을 하는 장면이다。

(The phone rings at Miss Rowe's office. She
picks up the phone.)

R : Hello.

G : Hello. May I speak with Miss Rowe?

R : Speaking.

G : Oh? This is Paul Gilbert. How are you, Miss
Rowe?

R : Fine, thank you, and how are you, Mr. Gil-
bert?

G : Very well.

R : What can I do for you?

G : Well, I want to see you one of these days.
I'm leaving Korea for the States next month.

R : Oh, are you? I didn't know that. Well, I'd
be happy to meet you any day during the
next week.

G : Good. What about next Wednesday afternoon?

R : That'll be fine.

U : 그럼 2시 반에 이리 오겠읍니다。 감사합니다。

R : 그렇게 하세요。

　　　(미쓰 로우의 사무실에 전화벨이 울린다。 그녀가、
　　　수화기를 든다。)

R : 여보세요。

G : 여보세요。 미쓰 로우와 이야기하고 싶은데요。

R : 저예요。 말씀하세요。

G : 오오! 포올·길버어트입니다。 그간 안녕하십니까、
　　　미쓰 로우。

R : 네에、 감사합니다。 미스터 길버어트。 당신은 어때
　　　요?

G : 매우 좋습니다。

R : 무슨 일이세요?

G : 저、 가까운 시일내에 한번 만나뵙고 싶은데요。
　　　다음달에 한국을 떠나 미국으로 돌아갈까 합니다。

R : 어머、 그래요? 몰랐었는데요。 다음 주일에는 언제
　　　라도 만나뵙겠는데요。

G : 좋습니다。 내주 수요일 오후는 어떻습니까?

R : 좋습니다。

G : What time shall we make it?

R : Five o'clock?

G : That suits me.   I'll pick you up at the Bank of America at five, then.

R : Thank you.

G : I'll see you, then, Good-bye.

R : Good-bye.

린다가 친구인 포올에게 의논할 일이 있어「오후에 찾아가고 싶다。」고 말하는 장면이다。

L : May I call on you this afternoon?

P : Please do.

L : Are you sure you won't be busy?

P : I shall be free this afternoon.   What time can you come?

L : Is one o'clock all right?

P : One o'clock will be fine.

L : Then I'll be there by one.

P : Good.   I'll be expecting you.

G : 몇시로 할까요?

R : 5시라면?

G : 좋습니다。 그럼 5시에 아메리카은행으로 차를 가지고 모시러 가죠。

R : 감사합니다。

G : 그때 만납시다, 굳바이。

R : 굳바이。

L : 오늘 오후에 자네안테 들려도 괜찮아?

P : 응 들리게。

L : 정말 바쁘지 않아?

P : 오늘 오후엔 휴무야, 몇시에 오겠나?

L : 1시면 어떤가?

P : 1시면 좋지。

L : 그럼 1시까지 가지。

P : 그래。 자네를 기다리고 있겠네。

포울이 린다에게 시간 형편이 어떠냐고 물었는데 대
단히 바쁜 모양이다. 린다는 「오늘은 틀렸지만 내
일이라면 괜찮다」고 말한다。

P : May I come and see you today?
L : I'm sorry, but I'm busy today.
    Let us meet another time.
P : May I call on you tomorrow?
L : Tomorrow will be fine.
P : What time shall I come?
L : Is four o'clock all right?
P : Four will be fine.
L : Then I shall expect you at four tomorrow.

린다가 친구인 포울에게 「목요일 오후 회사에 들려
도 괜찮은가?」고 묻고 있다。

L : Paul, I wonder if I can see you at your office
    Thursday morning. I'll be passing by Chung
    muro.
P : Of course, Linda. Any time you like.
L : I guess I'll drop in your office at about 11.
P : That's good. I hope you can stay longer and
    eat lunch with me.
L : Thanks a lot. I'd be delighted.

P : 오늘 놀러가도 괜찮은가?

L : 미안하게 됐군. 오늘은 바빠서 말야. 다른날 만나기로 하지.

P : 내일은 들려도 괜찮은가?

L : 내일이라면 괜찮지.

P : 몇시쯤 갈까?

L : 4 시면 어때?

P : 4 시라면 좋아.

L : 그럼 내일 4 시에 자네를 기다리겠네.

L : 포올, 목요일 오전중에 자네 회사에 들려도 괜찮은가? 마침 총무로를 지날 일이 있어서.

P : 물론 괜찮네, 린다. 어제라도 들리게.

L : 11시쯤에 들려질 거야.

P : 그것 잘 됐군. 천천히 점심식사라도 같이 나누는게 어때?

L : 대단히 고맙네. 기쁘게 받아드리지.

P : See you then.

L : Bye, now.

May I come and see you。 「놀러가도 괜찮습니까 ?」라
　　　는 의미로 come and see 는 정해진 문구임。

call call 은 「전화 걸다。」, call on 은 「방문하다」의 뜻
　　　이 된다。

appointment 「약속」이라는 의미。구미에서는 방문에 앞
　　　서 전화로나 구두로 상대방의 형편을 확인해 두는것
　　　이 에의로 되고 있다。미리 약속하지 않고 방문하여
　　　오래 기다리게 된다거나, 또는 만나지 못하게 되어
　　　도 그것은 방문한 쪽의 잘못이다。

116

P : 그럼 그때 만나세

L : 굳바이。

「바보야!!」

「그치만 형님, Appointment 가
없는데도 괜찮습니까?」

17. 초 대 ━━━━━━━━━━

미스터 길버어트가 회사친구인 린다를 저녁식사에
초대하려고 한다。

G : Will you be able to have dinner with me to-
morrow evening, Miss Rowe? I know a good
Italian restaurant downtown.

R : Tomorrow? Yes, I'd love to. That's kind of
you.

G : Shall we leave here after we finish work?

R : All right.

G : Their pizza's excellent.

R : I love pizza.

미쓰 로우가 동생의 생일 파아티에 미스터 길버어
트를 초대하는 장면이다。

R : Mr. Gilbert, I wonder if you can come and
join us at my sister's birthday party next
Saturday.

G : Yes, by all means. What time shall I come?

R : At six at my home. I'll draw a rough sketch
for you so that you can find my place.

G : Oh, thank you.

G : 내일 저녁, 저와 함께 식사라도 나누지 않겠읍니
　　까, 미쓰 로우? 아주 잘하는 이딸리아의　레스토
　　랑이 있는데요.
R : 내일? 그렇게 하죠. 대단히 감사합니다.

G : 일을 끝마쳤으면 나가실까요?
R : 그래요.
G : 저기의 피자는 맛이 있지요.
R : 피자를 무척 좋아하죠.

R : 미스터 길버어트, 돌아오는 토요일에 저의 동생의
　　생일파티가 있는데 참석하여 주시겠어요?

G : 예, 참석하지요. 몇시에 갈까요?
R : 6시에 저의 집으로. 찾으실 수 있도록 약도를 그
　　려 드리지요.
G : 오, 감사합니다.

R : Will you do us a favor?

G : Certainly, what is it?

R : Will you show us some sleight of hands?

G : I'd be glad to. I'll prepare some new tricks.

초대를 받았어도 바쁠때에는 하는 수가 없다. 「안
됐읍니다만」하고 정중하게 거절하는 도리 밖에。 다
음의 회화는 초대받은 미쓰 로우가 선약때문에 다
른 날로 약속하는 장면이다。

G : Would you like to play bridge with us tomorrow?

R : I'm sorry, but I have a previous engagement.

G : How about this coming Friday?

R : Friday will be fine.   What time shall I come?

G : Is seven o'clock all right?

R : Seven will be fine.

G : Then I shall expect you at seven Friday eve-
ning.

이번에는 친한 친구사이에 초대하는 장면을 보기로
하자。「~ 하지 않겠나?」라고 할 때에는 Wont you
……。 또 「~ 에 꼭 와 줘야 겠는데」에는 I should
like to come to ……를 사용하면 좋다。 포올이 린
다를 초대하는 장면。

R : 좀 부탁이 있는데요?

G : 무엇입니까?

R : 손 요술을 보여주시겠읍니까?

G : 얼마든지。새로운 요술 몇가지 준비하지요。

G : 내일 함께 브릿지놀이 하시지 않겠읍니까?

R : 고맙습니다만, 선약이 있어서。

G : 오는 금요일은 어떻습니까?

R : 금요일이라면 좋습니다。몇시에 갈까요?

G : 7시에 어떻습니까?

R : 7시에 좋습니다。

G : 그럼 금요일 저녁 7시에 당신을 기다리고 있겠읍
　　니다。

P : We're having a Christmas party. Won't you
    join us, Linda?
L : Thank you, Paul. What time shall I come?
P : Please come about five tomorrow.
L : Oh, I'm sorry but I'll be busy until five-fifteen.
    Perhaps I'll be able to come about five-thirty.
    Is that all right?
P : That's fine. I'll be expecting you.

이번에는 린다가 포올을 「환영회」에 참석하도록 권
유하고 있다。

L : I'd like you to come to a welcome-home party,
    Paul.
P : I'd be happy to. When will it be?
L : Next Sunday at three, at my cousin's.
P : All right. I'll be there by three.
L : Good. We shall expect you then.

마즈막으로, 초대받지 않고, 스스로 방문할 경우,상
대방의 형편을 묻는 장면을 보기로 하자。 포올이 린
다의 형편을 묻는 장면。

P : May I call on you this afternoon?
L : Please do.   122

P : 크리스마스 파티를 열려고 하는데, 올 수 없겠나.
    린다?
L : 고마워 포올. 몇 시에 갈까?
P : 내일 5시에 와주게.
L : 오, 미안한데, 5시 15분까지는 바쁠 거야. 아마
    5시 반이 돼야 갈 수 있을 것 같은데 괜찮겠나?

P : 괜찮아. 기다리겠네.

L : 포올. 「환영회」에 꼭 좀 참석해 주게.

P : 기꺼이 참석하지. 언제야?
L : 다음 일요일 3시에 나의 사촌네 집에서.
P : 좋아. 3시까지 거기로 가지.
L : 그럼 기다리겠네.

P : 오늘 오후에 찾아뵈어도 괜찮습니까?
L : 괜찮습니다.

P : You're sure you won't be busy?

L : I shall be free this afternoon. What time can you come?

P : Is two o'clock all right?

L : Two o'clock will be fine.

P : Then I'll be there by two.

L : I'll be expecting you.

I'd like to come. 「가고 싶다。」는 come 을 써야지go 는 틀린 것이다。다시 말해서 이야기를 듣는 사람의 방향으로 움직이는 경우는 come 이고, 두 사람이 다른 장소로 갈 경우에는 go 가 된다。예를 들면 2층에 있는데 아래층 부엌에서 어머니가 Supper's ready, chunja。(춘자야。 저녁 다 됐다。)에 대답하여 「곧 가겠어요。」는 I'm going。이라고 대답하면 식사는 하지 않고 다른 곳으로 가버리겠다는 뜻이 된다。

Are you free? 「시간 있으십니까?」If you have any time to spare? 라고도 한다。여기에서 중요한 점은 남자가 여자를 초대할 경우, Are you free next Saturday? 식으로 먼저 묻지 말 것。「파아티가 있는데」또는 「영화보러 가려는데」따위의 용건을 말한 다음에 will you come if you are free? 를 나중에 첨부하는 것이 예의이다。

call on 방문하다。call 은 뒤와 같다。

124

P : 정말로 바쁘지나 않으십니까?

L : 오늘 오후는 시간이 있읍니다. 몇시에 오시겠읍니까?

P : 2시면 어떻겠읍니까?

L : 2시면 좋습니다.

P : 그럼, 2시까지 들리겠읍니다.

L : 기다리겠읍니다.

「틀림없이 댄스 파아티에 초대받긴 했는데……」

18. 방 문 問──────

미리 약속(appointment)을 한 미스터 울바닌이 미스터 길버어트를 방문하는 장면。 먼저 하인(servant)이 나왔다。

U : Is Mr. Gilbert in?

S : Yes, sir, he is.　May I have your name, please?

U : My name is Ulbanin.　I believe Mr. Gilbert's expecting me.

S : Please come in.

U : Thank you.

　　(Mr. Gilbert comes down the steps.)

U : Hello, Mr. Gilbert.

G : Hello, Mr. Ulbanin.　Do come in.

U : Am I on time?

G : As usual you're right on time.　Please take a seat over here.　Won't you have a cigarette?

U : Thank you very much.

이번은 미스터 울바닌이 회사로 미스터 길버어트를 방문하는 장면이다。 먼저 울바닌씨가 수부(reception)를 통하여 사장인 미스터 길버어트씨와의 면회를 요청하고 있다。

R : What can I do for you?

U : I came to see Mr. Gilbert.

U: 미스터 길버어트 계신가요?

S: 에, 계십니다。 누구시라고 여쭐까요?

U: 나는 울바닌이라고 합니다。 미스터 길버어트가 나를 기다리고 계시리라 믿습니다。

S: 어서 들어오십시요。

U: 감사합니다。

(미스터 길버어트가 2층에서 내려온다。)

U: 야아, 미스터 길버어트。

G: 여어, 미스터 울바닌, 어서 들어오시죠。

U: 시간에 늦지나 않았는지?

G: 언제나처럼 정확하십니다。 이쪽으로 앉으시지요。 담배 태우시겠읍니까?

U: 대단히 감사합니다。

R: 무슨 용무이십니까?

U: 미스터 길버어트를 만나러 왔읍니다。

R : Who shall I say is calling?

U : Here's my card. He's expecting me.

R : Won't you please be seated? (She telephones to Mr. Gilbert.) Mr. Gilbert? Mr. Ulbanin of Seoul Trading Company is here to see you. — All right, sir. (To Mr. Ulbanin, the visitor) Mr. Gilbert will see you now. This way please.

U : Thank you.

(In Mr. Gilbert's office)

G : I'm glad to know you, Mr. Ulbanin.

U : The pleasure's all mine, Mr. Gilbert.

G : I've heard a lot about you from Mr. Dobbyn.

U : I hope it wasn't anything bad.

G : No, indeed. He spoke highly of you.

U : That's nice of him. Well, I brought some samples. I thought they might interest you.

G : Let's see them.

방문은 원칙적으로 예약을 필요로 함은 물론이지만 잘 아는 사이에서 방문할 경우, 미리 약속하지 않고 하는 수도 흔하다。 미스터 길버어트가 친구의 자택 을 방문하는 경우를 예로 들어보자。

G : I'm sorry I visited without an appointment, but may I speak to Mr. Ulbanin? My name

R : 누구시라고 할까요?

U : 명함 여기 있습니다. 내가 올 줄을 아실텐데.

R : 이리 앉으세요. (그녀가 미스터 길버어트에게
전화를 건다.) 미스터 길버어트입니까? 서울무역
회사의 울바닌씨가 찾아오셨습니다. ─예, 알았읍
니다. (방문자인 미스터 울바닌에게) 사장님이 만
나뵙겠답니다. 이쪽으로 오십시오.

U : 감사합니다.

(사장실에서)

G : 처음 뵙겠습니다. 잘 좀 부탁드리겠습니다.

U : 저야말로 아무쪼록 잘 좀.

G : 미스터 도빈으로부터 말씀은 많이 들었읍니다.

U : 나쁜 말이 아니였기를 빕니다.

G : 온, 천만에요. 당신을 퍽 칭찬하고 계시더군요.

U : 그것참 고맙습니다. 그런데 몇가지 견본을 가지고
왔읍니다만, 퍽 흥미가 계실 것으로 생각합니다.

G : 보여 주십시오.

G : 약속도 없이 찾아와서 죄송합니다만 미스터 울바
닌을 뵙고 싶은데요. 저의 이름은 포올 · 길버어트

129

is Paul Gilbert.

M : Just a moment, please.

U : Oh, I'm so glad to see you. Please come in.

G : How are you today?

U : I'm quite well, thank you. And what's your business with me?

G : Oh, I have something important to talk over with you. Just listen to this.

린다가 친구인 포울을 자택으로 방문하는 장면。 미리 약속이 없었다。

P : I'm glad to see you. Please come in.

L : Are you sure you aren't busy?

P : No, I'm not. I've just finished my work. How are you today?

L : Fine thank you. I need your advice on selecting a book for studying English idioms.

이번에는 린다의 크라스메이트인 포울이 린다의 집을 방문하고 있다。

L : Please come in and make yourself at home.

P : Thank you. You have a nice place here.

입니다。

M : 조금만 기다려 주십시요。

U : 오, 잘 오셨읍니다。 어서 들어오십시오。

G : 오늘은 어떻습니까?

U : 덕택에 매우 좋습니다。 그런데 무슨
용건이십니까?

G : 오, 좀 말씀 드릴 중대사가 있어서。
실은 말이죠。 ····

P : 잘 오셨읍니다。 어서 들어 오십시요。

L : 정말 바쁘시지는 않습니까?

P : 아뇨。 바쁘지 않습니다。 금방 사무를 끝마쳤읍니
다。 오늘은 어떻습니까?

L : 덕택에。 영어의 관용구를 공부할 책을 선택하려는
데, 당신의 충고를 듣고 싶어서。

L : 어서 오십시요。 아무쪼록 유쾌하게。

P : 감사합니다。 참 좋은 곳이군요。

L : Thank you, Here's a cushion.

P : My, you have a nice set.　Where did you get it?

L : Do you mean the cushions or the tea set?

P : I mean these comfortable cushions.

L : Oh, these?　I got them at Chungmuro.

그러면 다음에는, 방문을 마치고 돌아갈 때에는 어떻게 작별인사를 하나, 몇 가지 예를 들기로 하자. 우선 미쓰 로우의 댁을 방문했던 길버어트씨가 돌아가는 장면에서 시작하자.

G : I'm afraid I must be going.

R : It was kind of you to come.

G : How late it is!　I've stayed too long.

R : I'd like to talk longer, but I have to go out myself.

G : Thank you for the nice afternoon.

이번에는 미스터 길버어트의 댁을 방문한 미쓰 로우가 돌아가려는 장면。

R : I must be going now.

G : Please don't hurry.

R : I'm afraid I must be going.

G : Well, it's been nice seeing you.

L : 감사합니다. 방석 위로 앉으시죠.
P : 훌륭한 세트입니다. 어디서 사셨읍니까?

L : 방석 말씀인가요, 아니면 티 세트?
P : 이 푹신푹신한 방석 말입니다.
L : 아아, 그거요? 충무로에서 샀읍니다.

G : 이제 그만 가보겠읍니다.
R : 정말 잘 와 주셨읍니다.
G : 너무 늦었군요. 너무 오래 지체했읍니다.
R : 좀 더 이야기를 나누고 싶습니다만, 저도 나가지
   않으면 안될 일이 있어서.
G : 유쾌한 오후를 보내게 되어 감사합니다.

R : 이제 이만 실례하겠읍니다.
G : 그렇게 서두르지 않아도 괜찮지 않습니까?
R : 이제 그만 가봐야겠읍니다.
G : 자, 오늘은 참 잘 와주셨읍니다.

R : Thank you for the pleasant afternoon.

G : Not at all. Please come again

　　　토미안테 들렀던 포유이 작별하려는 장면。

T : Thank you for coming.
P : Not at all. I had a grand time.
T : I hope you'll come more often.
P : Yes, I will, now that I know you play a good
　　game of poker.
T : I hope you'll make the last train.
P : If I can't, I'll pick up a taxi.

Do come in。　「어서 오십시요。」의 뜻。 Do 는 더욱　강
　　　조하기 위해서 붙인 것。

Am I on time?　　on time 은 「바로 시간에 맞게」。좀 더
　　　시간적 여유가 있을 때는 in time for ～。

Here's my card。　　명함은 a calling(visiting)card 라고
　　　하는데, 구미인은 세일즈맨이라든지 특수한 사람 외
　　　에는 명함을 지니지 않는다。

The pleasure's all mine。　「저야말로 뵙게 되어서　반갑
　　　습니다。」
　　　누구인가가 I'm glad to see you. 라고 말했을
　　　경우 이와같이 응대하면 정중한 인사말이 된다。

R: 즐거운 오후를 보내게 되어 감사합니다。

G: 뭘요。 다시 한번 들려주십시요。

T : 잘 와주셨읍니다。
P : 덕택에 즐거웠읍니다。
T : 앞으로도 자주 들려주십시요。
P : 예, 그러죠。 이제 당신이 퍽 포커놀이를 잘   하시
　　는 줄 알았으니까。
T : 종전차에 늦지 않으면 다행이겠는데요。
P : 종전차를 못타면 택시를 잡지요。

What's your business with me 「용건은 무엇입니까?」
　　　　　　라는 뜻。 그다지 정중한 말씨가 아니므로 친한 사이
　　　　　　이외에는 사용하지 않은 것이 좋다。 What can I
　　　　　　do? 가 일반적。
advice on 「…에 관한 충고」。 on을 붙이는데 주의。
Make yourself at home 「마음 편히…」 「어려워 마시고…」
It was kind of you to come。 「먼 곳에서 이렇게 와
　　　　　　주셔서」라든지, 「비가 오는데도 이렇게 와 주셔서」
　　　　　　에 해당하는 말。
please don't hurry。 「천천히」 「서두르지 말고」의 뜻
　　　　　　이지만 그다지 친한 사이가 아니라면 실례가 된다。

135

19. 식 탁 ━━━━━━━━

미쓰 로우의 집에 초대받은 길버어트씨가 식탁에 앉았다. 식사가 마악 시작되려는 참이다。

R : Please go ahead, Mr. Gilbert.

G : Thank you. It looks so delicious.

R : I hope you like oyster soup.

G : Yes, I like it very much. Say, is this T-bone steak?

R : Yes, it is. I hope you like it.

G : Yes, it's my favorite. May I trouble you for the sauce?

R : Here it is.

G : Thank you. Oh, this is good. It's so tasty.

R : What'll you have for dessert? Cake or ice-cream?

G : I'd like ice-cream.

R : And which do you like better, coffee or tea?

G : I'd like coffee.

　　(a little later)

R : Won't you have another cup of coffee?

G : No, thank you. I've had enough. The food was so good I ate far too much.

─────────At the Table

R : 미스터 길버어트。어서 드십시요。

G : 감사합니다。먹음직스럽게 보이는군요。

R : 굴 수프를 좋아하시는지 모르겠어요。

G : 예。아주 좋아합니다。아, 이것은 티이본 스테이
키입니까?

R : 예, 그래요。좋아하실런지。

G : 예。내가 가장 좋아하는 겁니다。죄송하지만 소오
스를 건네주시겠읍니까?

R : 여기 있읍니다。

G : 감사합니다。오, 이것은 훌륭하군요。참으로 맛이
있읍니다。

R : 디저어트는 뭐로 드실까요? 케이크나아이스크리임?

G : 아이스크리임을 주십시요。

R : 그리고 커피와 홍차는 어느쪽을 드시겠어요?

G : 커피로 하겠읍니다。

　　(조금 후에)

R : 커피를 더 하실까요?

G : 아뇨。괜찮습니다。많이 들었읍니다。맛있는 음식
이어서 지나치게 많이 들었읍니다。

137

R : I'm glad to hear that.

이번은 시츄에이션을 좀더 세분해서 보기로 하자。
우선 손님을 식당으로 안내하는 장면이다。미쓰 로
우가 미스터 길버어트를 식당으로 안내한다。

R : Dinner is ready.　Please come to the dining-room.

G : All right.　I will.

R : Please sit down.　Make yourself at home.

G : Thank you very much.

포올의 집에 놀러 온 린다와 게임을 하다가 「뭐 마
실 거라도 좀」하고 물어보는 장면。

P : What'll you have?

L : As I'm a little thirsty, may I have something cold?

P : How about ice-cream?

L : Oh, that's very nice.

P : (a little later) How do you like it?

L : Very delicious!　Thank you.

P : I'm glad you like it.

이번은 포올이 린다의 집에서 열린 파아티에 왔다가
이야기도 끝났고 하여 돌아갈 준비를 하고 있는데
린다가 말을 걸어왔다。

R : 많이 드셨다니 기쁩니다.

R : 식사준비가 되었읍니다. 어서 식당으로 들어오십시요.

G : 아아, 들어가겠읍니다.

R : 앉으세요. 댁에서처럼 마음 편히 가지시고.

G : 대단히 감사합니다.

P : 뭐 좀 드시겠어요?

L : 목이 마르군요. 시원한 것 좀 주십시요.

P : 아이스크리임은 어떻습니까?

L : 아아, 매우 좋습니다.

P : (조금 있다가) 어떻습니까?

L : 아주 맛 있었읍니다. 감사합니다.

P : 마음에 드셨다니 다행입니다.

L : Won't you stay for tea?

P : Oh, thanks, if you don't mind.

L : You're quite welcome. What will you have first?

P : I'd like a cup of tea, if you please.

L : You're a little hungry, aren't you? Won't you try some hot toast? Help yourself to some fruit too.

(a little later)

P : I've had enough. I've enjoyed myself very much. Thank you.

포올과 린다가 데이트 도중, 다방으로 들어가고 있다。

P : Here we are. Let's sit in the corner over there, shall we?

L : All right.

P : What would you like to have? Coffee?

L : Yes.

P : Some cake?

L : No, thank you. Just coffee.

P : Don't tell me you're on a diet!

L : Oh, no! I just don't feel like having any row. You go ahead and have some.

L : 좀 더 머무셔서 차라도 들지 않겠어요?

P : 오, 감사합니다. 지장이 없으시다면。

L : 무슨 말씀을. 우선 무엇을 드시겠어요?

P : 차가 좋을 것 같군요.

L : 좀 배가 고팠을 텐데, 그렇죠? 토스토라도 몇 조
   각 드실까요? 파일을 드시든지。

   (조금 후에)

P : 양껏 먹었읍니다. 매우 즐거웠읍니다. 감사합니다。

P : 자, 우리   저쪽 구석자리에 앉을까?

L : 좋와요。

P : 뭘 들겠어, 커피?

L : 으응。

P : 케이크는?

L : 일 없어요. 커피만 들겠어요。

P : 절식(節食)하고 있다는 건 아니겠지。

L : 오, 천만에요. 지금은 아무것도 먹고싶은 생각이
   없어요. 당신이나 시키세요。

P : All right. (To the waiter) Two coffees and one cake, please. Mind if I smoke?

L : Not at all. I'll have one too. (She takes out her cigarette-case.) Here, take one of mine.

P : Thank you. (Lighting her cigarette) I didn't know you smoked.

L : Oh, I took it up about a year ago.

P : What do your folks say?

L : Well, father was very nice about it, but mother! She nagged at me at first, but I finally convinced her that many girls smoke these days.

please go ahead. 우리말의「자, 어서」에 해당된다. 「차린 것은 없지만……」또는「맛은 없읍니다만, 어서 드십시요.」라는 식의 표현은 없다. 크리스챤이라면 기도를 드리고 나서, 나이프와 포오크를 사용하기 시작하지만 그렇지 못한 가정에서는 정해진 말이 없고 Do begin. 또는 Help yourself. Please don't make you soup cold. 등 여러가지로 다른 표현을 쓴다.

May I trouble you for the sauce? 「소오스를 전네 주시겠읍니까?」멀리 있는 것을 필요로 할 경우, 손을 테이블 위로 길게 뻗지 않고 그 옆에 있는 사람에게 May I trouble you for—? 또는 Will you

P : 알았어。 (웨이터에게) 커피 둘, 케이크 하나。
　　담배 피워도 괜찮아?

L : 염려 마세요。 저도 피우고 싶군요。 (그녀가 담배
　　케스를 내놓는다。) 자아, 한 대 태우세요。

P : 고맙군。 (그녀의 담배에 불을 붙이면서) 그대가
　　피우는 줄은 몰랐는데。

L : 오, 일년전부터 시작했는 걸요。

P : 집에서들은 뭐라고 하지 않나?

L : 글쎄。 아버지는 괜찮았지만 어머니가 처음에는 잔
　　소리가 심했죠。 그러나 결국은 요즘은 여자라도많
　　이들 담배를 피우고 있다는 사실을 가르쳐 드렸죠。

pass me—? 라고 한다。

That was delicious。 「잘 들었읍니다。」에 비슷하지만,
　　똑 같은 말은 아니다。 서양에서는 식사를 하면서 대
　　화를 즐기는 것이 예의로, 손님은 식사에 대한 감사
　　뿐만이 아니라 I enjoyed the conversation。 또는
　　Thank you for your hospitality。라고 하여 환영
　　받은 것 전부에 대한 감사의 뜻을 표하는 것이 보
　　통이다。

On a diet。「식이요법을 하고 있다。」diet의 d를 대문자로
　　써서 Diet로 하면 국회의 뜻。

Two coffees Two cups of coffee의 뜻。 주문할 때의
　　특수한 표현。

143

20. 파 아 티 ─────────────────

파티는 6시부터 시작된다。미스터 길버어트가 수부
(usher)에 도착했다。

U : The reception desk is over there. Let me check
your things for you.

G : Thank you. The party begins at 6?

U : Yes, sir. Quite a few guests have arrived al-
ready.

G : Can you tell me who they are?

U : Among them are Mr. and Mrs. Miller and Mr.
Balint.

G : Hasn't Mr. Solomon arrived yet?

U : Not yet, sir. He's expected here soon.
This way, please.

G : Thank you very much.

U : 접수구는 저 건너편입니다. 가지신 물건을 체크해
   드리지요.
G : 고맙네。 파티는 6시에 시작이지?
U : 그렇습니다。 벌써 손님 몇 분이 와 계십니다。

G : 어떤 분이 와 계신지 알겠나?
U : 밀러부부와 미스터 밸린트 입니다。

G : 미스터 솔로몬은 아직 안 나오셨나?
U : 아직 안나오셨읍니다만, 곧 오실 겁니다。
   이쪽으로 오십시오。
G : 대단히 고맙네。

「어머!
잡자기 정전이야。」

「가발을 벗으면 대머리가 번쩍번쩍……」

21. 칵테일 파아티 ━━━━━━

토미가 친구인 미스터 도빈의 귀국을 앞두고 파아
티를 개최할 계획을 세우고 있다.

T : I'm giving a cocktail party for Mr. Dobbyn,
who is leaving Korea for the States soon.
Would you like to come, Mr. Gilbert?

G : I'd like to very much. Incidentally, I know
Mr. Dobbyn well.

T : Good. I'll be expecting you. The party be-
gins at four and it'll last for a couple of hours.

G : Where will it be?

T : At the Grand Hotel. You know where it is,
don't you?

G : Yes, I know. How many people are coming?

T : About fifteen or so, just close friends. The
party will be very informal, so I'm sure you'll
feel quite at home.

이번은 린다 포올이 세월이 참으로 빨리 흐른다는
이야기를 나누고 있다.

P : Hello. I haven't seen you for a long time. How

146

─────────────Cocktail Party

T : 얼마 없으면 미국으로 귀국할 도빈씨를 위한 칵텔 파티를 가지려는데 참석해 주시겠읍니까, 미스터 길버어트?

G : 꼭 참석하겠읍니다. 우연이지만, 도빈씨를 잘 알고 있지요。

T : 좋습니다。 기다리겠읍니다。 파아티는 4시부터 시작하여 2, 3시간 계속될 것입니다。

G : 장소는 어디입니까?

T : 그랜드 호텔입니다。 어디에 있는지 아시죠?

G : 예, 알고 있읍니다。 몇사람이나 옵니까?

T : 약 15명 정도로 다들 사이좋은 친구들입니다。 파아티는 매우 부드러운 분위기로 당신도 결코 서먹서먹하지 않을 것입니다。

P : 안녕하세요。 오래동안 뵙지 못했읍니다。 어떻게지

have you been?

L : I've been fine, thanks. How have you been?

P : Well, I've been pretty busy this month writing a book.

L : That sounds interesting. What kind of book have you been writing?

P : A book about my trip to Mexico.

L : I've always wanted to go to Mexico.
Who went with you?

P : Ulbanin did. Have you seen him lately?

L : No, I haven't seen him for a year or so. Is he still single?

P : No, he got married last March.

L : Married! How time flies! We're getting old, aren't we?

P : Yes, I suppose so.

L : When are you going to see Mr. Ulbanin?

P : I'll meet him at a bowling contest next Saturday.

L : Please say "hello" to him for me.

P : I'll be glad to.

미스터 길버어트의 댁을 방문했던 미스터 울바닌이
할 이야기를 대충 끝냈다. 바로 점심시간이 되어 미
스터 길버어트가 점심을 권하고 있다.

내셨읍니까?

L : 덕택에 잘 지냈읍니다. 당신은 어떻게 지냈어요?

P : 잘 지냈읍니다. 이달은 책을 쓰노라고 무척 바빴
읍니다.

L : 그것 참 흥미있는 얘기군요. 어떤 책을 쓰고 계십
니까?

P : 나의 맥시코여행에 관한 책입니다.

L : 저도 항상 맥시코에 가보기가 소원입니다만, 누구
하고 같이 갔었나요?

P : 울바닌입니다. 요즈음 그를 만났었나요?

L : 아니요, 일년 가까이 못 만나봤읍니다만, 아직도
독신인가요?

P : 아뇨. 지난 3월에 결혼했읍니다.

L : 결혼이요? 세월 참 빠르군요! 우린 벌써 늙었
군요, 그렇죠?

P : 예, 정말 그렇군요.

L : 미스터 울바닌을 언제 만나세요?

P : 다음 주 토요일, 보올링 콘테스트에서 그를 만납
니다.

L : 그에게 저의 안부 잘 전해 주세요.

P : 기꺼이 전해드리죠.

G : I think lunch is about ready. Let's go to the dining room.

U : I hope I'm not imposing on you.

G : Of course not. I hope you like plain home cooking, because there's nothing fancy about my wife's recipes.

U : I like nothing better.

G : Do you like tomato soup?

U : Yes, I'm very fond of it.

G : Please try some of this homemade bread. This salad is one of my wife's specialties.

U : It is simply delicious! And the dressing is superb.

G : Is the steak tender enough?

U : Oh, yes. It's excellent.

G : Please have some more vegetables.

U : No more thanks. I'll have some chocolate pudding. Oh, it's wonderful. It seems to melt in my mouth.

G : I'm glad you like it. Would you like a little more?

U : No more, thank you. I've already had a double portion.

---

impose on　　속이다,　　**specialties**　　특기,

150

G : 식사준비가 된 것 같군。 식당으로 갑시다。

U : 공연히 폐만 끼치게 되는데。
G : 아냐, 처의 요리가 특별히 별다른 것이 없지만 많이 들게。

U : 아, 이거 진수성찬인 걸。
G : 토마도수우프 좋아하나 ?
U : 응, 아주 좋아하지。
G : 집에서 만든 빵 좀 들어보게。 이 샐러드는 내 와이프의 특제품중의 하나지。
U : 굉장히 맛 있군。 그리고 이 드레싱도 최고야。

G : 스테이크는 부드럽게 됐나 ?
U : 응, 여간 맛 있지 않아。
G : 좀더 채소를 들게。
U : 괜찮아。 쵸코레트 푸딩을 조금 들겠네。 오, 맛 있군。 입속에서 그냥 녹아버리는 것 같아。

G : 입에 맞는다니 다행이군。 좀 더 들지 그래 ?

U : 아니, 괜찮아。 벌써 두 접시나 들었는데。

superb 정말로 볼만한   **a double portion**   두사람 앞에

151

22. 디너 파아티

미스터 울바닌의 저녁식사 초대를 받은 길버어트씨
가 마악 도착했다。

G : Good evening, Mr. Ulbanin. It was so nice of
   you to invite me this evening.
U : Not at all, Mr. Gilbert. I'm very happy you
   could come. Please sit over there. What will
   you have to drink?
G : Well, I'll have a martini.
U : Have some of these appetizers. Which soup do
   you prefer, consomme or potage?

G : I prefer potage.
U : I do, too.
G : Oh, it looks delicious.
U : Have you tasted the lobster?
G : It's excellent. Where did you manage to get
   such large fresh lobsters?
U : I had them sent all the way from Pohang
   by express delivery. There's a store in Sinchon
   that sells very fresh fish. They say the lob-
   sters are sent direct from Pohang. This is one
   of the best lobster dishes I've ever eaten.

G : 안녕하십니까, 미스터 울바닌。 초대해 주셔서 참
　으로 감사합니다。

U : 뭘요, 미스터 길버어트。 와 주셔서 기쁩니다。 그
　쪽으로 앉으시지요。 무엇을 마시겠읍니까?

G : 그럼, 말티니로 하겠읍니다。

U : 이 오토불을 좀 드십시요。 콘솜과 포테이지중 어
　느 수우프를 좋아하십니까?

G : 포테이지로 주십시요。

U : 저도 역시 포테이지를 좋아합니다。

G : 오, 먹음직스럽군요。

U : 새우요리를 먹어보셨읍니까?

G : 새우요리는 좋지요。 이처럼 크고 신선한　새우를
　어디서 구하셨읍니까?

U : 포항에서 속달편으로 붙여온 것입니다。 신촌에 매
　우 신선한 고기를 파는 어물전이 있읍니다。 포항
　에서 직접 붙여온 것이라고 하더군요。
　이제까지 내가 먹어본 것 중에서도 가장　훌륭한
　새우요리의 일종입니다。

G : I don't believe I've ever eaten such a delicious lobster before.

U : Would you like to have more tartar sauce?

G : No, thanks. This is fine. It's so delicious that I've eaten too much.

U : I'm glad. Are you sure that you don't want to have some more?

G : Oh, I'm full. Thank you just the same.

U : We're having ice cream for dessert. Which kind do you prefer, chocolate or vanilla?

G : Vanilla, please.

U : Here's some fruit that's in season. Try these mandarins. They come from Chejudo. A friend of mine who's living there sent them to me.

G : How sweet they are!

U : Will you have coffee or tea?

G : Coffee, please.

U : Do you want sugar or cream in your coffee?

G : Only sugar, please.

G : 저는 이처럼 맛있는 새우요리를 먹어본 적이 없읍니다.

U : 타르탈 소오스를 더 칠까요?

G : 아니 괜찮습니다. 이것으로 좋습니다. 너무 맛이 있어서 지나치게 먹었읍니다.

U : 다행입니다. 더 좀 드시고 싶은 게 없읍니까?

G : 오, 이젠 배가 잔뜩 불렀읍니다. 감사합니다.

U : 디저어트로 아이스크림을 준비했읍니다. 초코레트와 바닐라의 어느쪽을 좋아하십니까?

G : 바닐라로 주십시요.

U : 철에 따른 과일이 있읍니다. 제주도산인 귤을 드십시요. 거기에 살고 있는 친구가 보내 준 것입니다.

G : 참으로 맛이 있군요!

U : 커피나 홍차 어느것을 드시겠읍니까?

G : 커피로 하죠。

U : 커피에 설탕을 칠까요, 크리임을 넣을까요?

G : 설탕만 쳐 주십시요。

appetizer   오드블。식욕촉진제。불어의 hors d'oeuvre(s)
를 흔히 쓰지만, 영미에서는 appetizer의 쪽을 많이
쓴다。

lobster   큰 새우。작은 새우는 shrimp

23. 티 파아티

어느 티이·파아티의 장면。 참석했던 길버어트씨가
대화를 나누고 있다。

U : Do you play any sports, Mr. Gilbert?

G : I play golf. I used to play golf every Satur-
day in the States. I understand golf is be-
coming popular in Korea.

U : Yes, it is. Golf was once a sport played only
among the rich people. But today it's every-
body's sport.

G : That seems to be the general tend in the Sta-
tes, too.

U : Incidentally, there's a golf tournament at our
company. Won't you join us as a guest player?

G : Well, what day is it?

U : It's Sunday, the 24th. It'll begin at ten.

G : Well, the 24th? I'll be free. I'd like to join
you.

U : That'll be wonderful. Let's meet at the club-
house Sunday morning.

U:무슨 스포츠를 하십니까, 미스터 길버어트?

G:골프를 합니다. 미국에서는 매주 토요일이면 으례히 골프를 했습니다. 골프는 한국에서도 인기가 있는 것으로 압니다.

U:예, 그렇지요. 골프는 옛날에는 부자들만의 스포츠였읍니다만, 오늘날에는 모든 사람의 스포츠로 되었지요.

G:미국에서도 마찬가지의 현상이지요.

U:그러시다면 저의 회사에서 골프시합이 있는데, 게스트로 참가하시지 않겠읍니까?

G:그렇군요. 언제 시합이 있읍니까?

U:24일, 일요일입니다. 10시부터 시작합니다.

G:24일입니까? 시간이 있읍니다. 꼭 참가하고 싶습니다.

U:그것 참 잘 됐읍니다. 일요일 아침 클럽하우스에서 만나뵙겠읍니다.

a sport   스포츠의 종목。s가 없는 점에 주의할 것。
general tend   일반적 경향。

24. 길 안내 ────────

미스터 울바닌이 걷고 있는데, 길을 잃은 외국인이
말을 걸어왔다。

S : Excuse me, but will you kindly tell me the
way to the nearest station?

U : Yes, with pleasure. At the corner there you
turn to the right, go straight on until you come
to the police station, turn to the left, and go
to the end of the paved street, then turn to
the right, go down the hill, cross the tracks,
and you will find the station, just in front of
you.

S : How long will it take to get there?

U : About twenty minutes' walk, I guess.

S : Thank you very much.

U : You are quite welcome. I hope you will find
it all right.

S : 죄송하지만, 가장 가까운 역으로 가는 길을 가르쳐 주십시오.

U : 예, 저쪽 모퉁이에서 오른쪽으로 돌아서 경찰서까지 똑바로 가셔서, 왼쪽으로 돌아서 포장된 길을 끝까지 가십시요. 거기서 오른쪽으로 돌아서 언덕을 내려가, 전차 노선을 건너가면 바로 눈앞에 역이 보일 것입니다.

S : 거기까지 얼마나 걸릴까요?

U : 걸어서 약 20분 걸릴 것입니다.

S : 대단히 감사합니다.

U : 뭘요, 괜찮습니다. 길을 쉽게 찾으시면 다행입니다만.

「A에서 B까지 얼마만큼 걸립니까?」는 거리를 묻는 경우와 시간을 묻는 경우가 있으므로 구별해서 사용해야 한다. 양쪽 다 주어는 it를 사용한다. 그러므로 How far is it from A to B? 라고 질문받았다면 It is about ~miles. (kilometers.) 또 시간의 경우는 It takes(you) about~minutes. 라고 대답하면 좋다.

린다가 행인(stranger)에게 역은 어떠냐고 묻고 있
다。

L : Excuse me.　Is this the right way to the
　　station?
S : Yes.　Go straight on and turn to the left at
　　the third corner.　You can't miss it.
L : Turn left at the third corner, you say?
S : That's right.　It's about ten minutes' walk
　　from here.
L : Thank you very much.
S : You're welcome.

사람에게 길을 가르쳐 줄 경우, 약도를 그려줄 경
우가 있다。 다음의 회화에서는 포울이 린다에게 자
기 집의 약도를 그리면서 설명하고 있다。

P : Do you know the way to my house?
L : No, I haven't been around that district.
P : Then I'll draw a map for you.
L : Here's a piece of paper.
P : Good,　(He draws a map and shows it to Linda.)
　　Now this X is the hospital.
L : Hm. Hm.　Where's your house?
P : This one, fourth from the hospital.

160

L : 죄송합니다만 이 길이 역으로 나가는 길입니까?

S : 그렇습니다. 똑바로 나가서 세번째 모퉁이에서 왼
    쪽으로 도십시요. 곧 찾으실 겁니다.
L : 세번째 모퉁이에서 왼쪽이라고 하셨나요?
S : 그렇습니다. 여기서부터 걸어서 10분쯤 걸립니다.

L : 대단히 감사합니다.
S : 뭘요. 괜찮습니다.

P : 우리집으로 가는 길 알고 있어?
L : 아니, 그 부근에는 가본 적이 없는 걸.
P : 그럼 약도를 그려주지.
L : 종이 여기 있어.
P : 좋아. (지도를 그려서 린다에게 보여준다.)
    자 이 ×표시가 병원이야.
L : 흠, 흠, 너의 집은?
P : 병원에서 네번째인 여기야.

이번은 「특급」과 「준급행」을 잘못 바꾸어 탄 린다
가 다른 승객(stranger)에게 묻고 있다.

L : Excuse me, but does this stop at Anyang?

S : No, it doesn't, this is an express.

L : Then I have to change somewhere to a local,
don't I?

S : Yes. The next stop is Suwon. Get off there
and come back on a local.

L : Is it on the same platform where I get off?

S : No, the platform is different. You have to
cross the bridge.

포올이 린다의 주소를 들고 집을 찾고 있다.
번지를 말하면서 행인에게 묻고 있다.

P : Pardon me. Could you tell me where Hongjedong
4-Tong is?

S : Let me see. This is 3-Tong. It must be
somewhere on the next block. What's the
name?

P : It's Miss Linda Rowe.

S : Oh, isn't she working at the Bank of America?

L : 실례합니다。이 차는 안양에서 정차하나요?

S : 정차하지 않습니다。이 차는 급행입니다。

L : 그럼, 보통으로 갈아타지 않으면 안되겠군요。

S : 그렇습니다。다음 수원에서 정차합니다。 거기서
    내려서 보통으로 갈아타시죠。

L : 내리는 홈과 같은 프레트홈입니까?

S : 아니죠。홈은 다릅니다。다리를 건너가지 않으면
    안됩니다。

P : 실례지만, 홍제동 4통이 어느 근방인가요?

S : 글쎄요 여기가 3통이니까 다음 거리의 어느 부근
    이 아닐까요? 누구네 집인데요?

P : 린다 로우입니다만。

S : 오。아메리카은행에 근무하는 여자가 아닙니까?

P : Yes, she is. Do you know her?

S : Yes, I do. Go to the end of this road and turn to the right. It's the second house on your left.

P : Thank you very much.

S : Not at all.

Go to the end of the street.   끝까지 걸어가세요。

You can't miss it.   틀린 점은 없다。곧 알게 될 것이다。

~ you say !   ~ 라는 거겠죠。

Next block   다음 구역。

P : 예, 그렇습니다. 그 여자를 아십니까?
S : 예, 알지요。 이 길을 끝까지 가서서 오른쪽으로
도십시요。 왼쪽으로 두번째 집입니다。

P : 대단히 감사합니다。
S : 뭘요。

병원을 알으켜 달랬더니 장의사를……에이 고약한!!

25. 전 화 ─────────

영어로 전화를 걸이아 할 경우도 많을 것이다。한국
에 있는 외국인상사나 대사관에 전화를 건다던지,
상대가 외국인일 경우, 또는 외국에 여행하여 용건
을 전화로 말할 경우등을 생각할 수 있다。

　(Mr. Gilbert dials the phone.)

O : Good morning.　The Bank of America.

G : Hello. May I speak to Miss Linda Rowe?

O : Who is calling, please?

G : Mr. Paul Gilbert.

O : Just a moment, please.　I'll connect you with
　　Miss Rowe.

쇼핑하러 나갔던 토미가 친구인 포올의 회사로　전
화를 걸었다。여자의 음성이 전화를 받았다。

T : Hello.

V : Hello. This is Seoul Trading Company.

T : May I speak with Mr. Paul Gilbert, please?

V : Who's speaking, please?

T : This is Tommy Ulbanin.

Telephoning

먼저 미스터 길버어트가 아메리카 은행에 근무하는 린다·로우에게 전화거는 장면. 처음 들린것은 은행 교환수(operator) 의 목소리이다.

(미스터 길버어트가 전화 다이얼을 돌린다。)

O : 안녕하세요。아메리카 은행입니다。

G : 여보세요。 미쓰 린다 로우 바꿔 주십시요。

O : 실례지만 누구십니까?

G : 포올 길버어트입니다。

O : 조금 기다려 주세요.; 미쓰 로우에게 연결시켜 드리겠습니다。

T : 여보세요。

V : 여보세요。 서울무역회사입니다。

T : 미스터 포올 길버어트 바꿔 주시겠읍니까?

V : 실례지만 누구십니까?

T : 저는 토미 울바닌입니다。

167

V : All right. I'll call him for you. (Speaking to Paul) Paul, here's a call for you from Mr. Ulbanin.

P : Thanks. (Speaking into the phone) Hello, this is Paul.

T : Oh, hello, Paul. How are you?

P : Fine thanks. What's up?

T : I'm passing by your company. I wonder if I can drop by later?

P : Sure. Where are you calling from?

T : From So kong dong.

P : Hm, Hm. Why don't you come over at 4 : 30? I'll get through by that time. Let's have a drink.

T : That's fine. I'll see you later, then.

P : Good-bye, now.

모처럼 전화를 걸었는데 공교롭게 상대방이 출타한 경우가 있다. 이런 경우 어떻게 해야 하나? 린다가 토미에게 전화했는데 공교롭게도 외출중인 모양이다.

L : Hello.

V : Hello.

L : Is Mr. Tommy Ulbanin in?

V : I'm sorry, he's out now.

V : 알았읍니다. 바꿔 드리지요. (포올에게 말한다.)
　　포올, 미스터 울바닌에게서 전화예요.

P : 감사합니다. (전화기를 통해 말한다.) 여보세요.
　　포올입니다.
T : 오, 안녕하십니까, 포올. 어떻습니까?
P : 덕택에 잘 있읍니다. 무슨 일로.
T : 마침 댁의 회사 근처를 지나게 되어서. 나중에 들
　　려도 괜찮겠읍니까?
P : 괜찮고 말고요. 어디서 전화하시는 깁니까?
T : 소공동이죠.
P : 흠, 그럼 4시 반이면 올 수 있겠읍니까? 그때까
　　지는 끝날 것 같은데. 한 잔 나누기로 합시다.

T : 그것 참 좋습니다. 그럼 나중에 들리죠.
P : 그럼 굿바이.

L : 여보세요.
V : 여보세요.
L : 미스터 토미 울바닌 계십니까?
V : 공교롭게도 방금 외출하셨읍니다.

L : I see. What time will he come back?

V : He'll be back around 2. Is there any message?

L : Will you please tell him to call me back later?
My name is Linda Rowe.

V : Yes, certainly.

L : Thank you.

전화의 회화에서는 상대방의 얼굴이 보이지 않으므
로 발음은 한층 더 명확히 해야 한다. 만약 상대방
의 음성이 정확히 들리지 않을 경우는 Will you plea-
se speak a little louder? 라든지 Would you spe-
ak more loudly ? 라고 해야지 Will you speak mo-
re clearly ? 라고 하면 실례다. 또 자기 이름의 스
펠링은 국명이나 지명의 처음 문자를 사용하여 나타
내는 것이 보통이다. 포옹이 어느 서점에 전화하여
책을 예약하는 장면을 보기로 하자.

V : This is the Hara Bookstore. May I help you?

P : Yes. Have you got an English version of
Hemingway's "Old man and the sea".

V : Old man and the sea?

P : That's right.

V : Just a moment, please...., Yes, we have a
few copies left, but they're going very fast.
Would you like to reserve a copy?

P : Yes, please. My name is Paul Gilbert.

L : 그렇습니까? 몇시쯤 돌아오실까요?

V : 2 시경에 돌아오십니다. 전하실 말씀이라도.

L : 뒤에 전화걸어 주시도록 전해 주시겠읍니까?
   저의 이름은 린다 로우입니다。

V : 예에, 전해 드리지요。

L : 감사합니다。

V : 하라서점입니다。 무엇입니까?

P : 헤밍웨이의 「바다와 노인」의 영어판이 있읍니까?

V : 「바다와 노인」입니까?

P : 그렇습니다。

V : 좀 기다려 주십시요。 몇 권 남아있긴 합니다만 여
   간 빨리 나가버리지 않습니다。 한 권을 예약하시
   겠읍니까?

P : 예。 부탁합니다。 저의 이름은 포올 길버트입니다。

V : I can't hear very well. Please speak a little louder?

P : All right. My name is Paul Gilbert. ... P for Poland, A for America, U for United Kingdom, L for London and Germany, India, London, Burma, England, Russia and Thailand.

V : Mr. Paul Gilbert.

P : Right. I'll come right down for it. Good-bye.

V : Thank you. Good-bye.

내선번호는 extension이라고 한다. 교환수(operator)가 나오면, 번호를 말해 연결되도록 한다. 또 내선을 통해 전화가 걸려왔을 때에는 speaking이라고 말한다.

O : The Y. M. C. A.

P : I'd like extension 331, please.

O : Just a moment. I'll ring it for you.

P : Hello. This is Paul Gilbert speaking.
    May I speak to Mr. Tommy Ulbanin?

T : Speaking.

V : 잘 들리지 않는데요。 조금 큰 소리로 말씀 해 주
    시겠읍니까?
P : 예, 이름은 포올 길버어트입니다。 폴랜드의 피,
    아메리카의 에이, 유나이티드킹돔의 유, 런던의
    엘, 그리고 도이취, 인디아, 런던, 버어마, 잉글
    랜드, 러시아, 타일랜드의 머릿글자입니다。
V : 미스터 포올 길버어트이죠。
P : 그렇습니다。 내가 곧 가겠읍니다。 굿바이
V : 감사합니다。 굿바이。

O : 와이 엠 씨 에이입니다。
P : 내선 331 부탁합니다。
O : 잠깐만。 그리로 돌렸읍니다。
P : 여보세요。 여기는 포올 길버어트입니다만 미스터
    토미 울바닌 부탁합니다。
T : 말씀하세요。

그런데 외국에 전화할 경우도, 역시 코인을 넣어 다이얼을 돌리는 방법과 교환수에게 부탁하는 방법이 있다. 교환수가 전화에 나왔을 경우는 operator (교환수 입니다)라고 말한다. 지금 포울이 푸로리다에 걸려는 참이다.

(Paul deposits a dime in a pay telephone and dials "O" for operator.)

O : Operator.

P : I'd like to place a call to Miami, Florida. The number is 317-4316.

O : One moment please. Dial 1 for long distance, 305 for the Miami area code, and then the number you want. Would you like me to place the call for you?

P : If you would, please.

   (The operator returns Paul's dime and dials 1-305-317-4316)

O : What number are you calling from?

P : 669-7654 (Number of pay phone).

   (Linda answers the phone in Miami.)

O : (To Paul) Deposit seventy-five cents for the first three minutes, please.

(포올이 공중전화에서 10센트 동전을 넣고, 교환을
부르려고 0 의 다이얼을 돌린다。

O : 교환입니다。

P : 푸로리다의 마이애미를 부르고 싶은데 번호는 317
국의 4316입니다。

O : 기다려 주십시요。 장거리에는 다이얼 1 을 돌려서
마이애미의 지구별 코드번호 305를, 다음에 상대
방의 번호를 돌려 주십시요。 제가 대신 걸어 드릴
까요?

P : 그렇다면 부탁드립니다。
(교환수는 포올이 넣은 10센트를 꺼내고 1 —305—
317—4316의 다이얼을 돌린다。)

O : 그쪽은 몇번이죠?

P : 669의 7654번입니다。 (공중전화의 번호)
(마이애미에서 린다가 전화를 받는다。)

O : (포올에게) 최초의 3 분간 통화료 75센트를 넣어주
십시요。

Mr, Paul Gilbert 포올 길버어트입니다。 자기 이름 앞에 Mr. 를 붙이는 것은 우리의 사고방식으로는 이해하기 곤란할지 모르나, 전화를 건 상대가 Dr. 인지 Mr. 인지, 또는 Mrs. 인지 알으켜 줄 필요가 있으므로 붙인다。

Who's calling, please? 누구십니까? 전화를 건 상대방이 누구인지를 물을 때의 상용어구。 Who are you? 라고는 묻지 않는다。

Here's call for you Here is a telephne call for you。의 생략형。

What's up? 어떻게 됐지? What's happened? 또는 What's the matter with you? 와 같은 의미。

drop by 조금 서 계십시요。 drop in이라고도 함。

Where are you calling from? 어디서 전화를 걸고 계십니까?

have a drink 한잔하다。

That's fine 멋지다。훌륭하다。

Is there any massage? 뭐 전할 말씀이라도。Will you leave a message? 이라고 한다。

deposit 선불。이 경우 통화하기 전의 선불을 뜻함。

dime 10센트。

area code 지구별 번호

331 Three three one 또는 double three one 라고도 함. 0의 경우는 oh 또는 zero로 해도 좋다。번호가 2개 겹칠 때에는 double을 사용하여, 1007이라면 one double oh seven이라고 읽는다。

26. 전 보

린다가 부산의 친구에게 전보를 치려고 우체국에 가
서 국원(clerk)에게 묻고 있다.

L : I want to send this telegram to Pusan, please.

C : All right, ma'am.

L : Will it go for ₩ 400, or are there too many
words?

C : It's just two words over ₩ 400, do you want
to have any cut?

L : Well, let me see.

C : Here you are, ma'am.

L : Are punctuation and address included in the
charge or not?

C : There is no charge for the address.

미스터 길버어트가 친척에게 전보를 치려고 요금을
묻고 있다.

G : I want to send a wire home.

C : Please fill out this form. Also write legibly,
in block letters.

G : How much will it cost?

C : The rate for letter telegrams to Chicago is

178

————How to Send Telegrams

L : 부산에 전보를 치려고 하는데요。

C : 에에, 말씀하세요。

L : 400원이면 되겠어요? 아니면 글자수가 너무 많은
가요?

C : 400원으로는 꼭 두자가 많군요。 삭제할 곳이 없습
니까?

L : 글쎄요。

C : 보여주시겠어요?

L : 구독점과 주소는 글자수로 계산하여 요금이 붙습
니까?

C : 주소에는 요금이 붙지 않습니다。

G : 본국에 전보를 치려고 하는데요。

C : 에, 이 용지에 기입해 주십시요。 읽기 쉽게 블로
크체로 써 주십시요。

G : 이 전보요금은 얼마죠?

C : 시카고까지의 전보요금은 한 단어에 52원입니다。

₩ 52 a word. As your message contains 50 words, the total charge will be ₩ 2,600.

G : How long will it take?

C : About 24 hours.

G : I'm afraid that's much too slow. You see it happens to be very urgent.

C : If that's the case, you'd better send it ordinary, which is much faster. But the charge will be twice as much.

G : That's all right. Please have it sent the quicker way.

C : Yes, sir.

미스터 길버어트가 런던에 전보를 치려고 우체국으로 갔다.

G : Give me a message form, please.

C : Here it is, sir.

G : Please send this telegram to London.

C : Certainly.

G : What's the rate?

C : ₩ 192 per word.

G : Do you charge for the address?

C : Yes, there is a charge for the address on foreign telegrams.

당신의 전보는 50단어이므로 합계 **2,600원입니다.**

G : 몇 시간이나 걸립니까?

C : 약 24시간입니다。

G : 너무 느리군요。매우 급한 용건인데요。

C : 그러시다면 지급전보로 하시는 편이 좋으실 겁니다. 그쪽이 더욱 빠르니까요。 그러나 요금은 2배입니다。

G : 할 수 없군요。 빠른 편으로 부탁드리겠읍니다.

C : 잘 알았읍니다。

G : 전보용지 한장 주십시요.

C : 여기 있읍니다。

G : 이 전보 런던까지 쳐 주십시요。

C : 에에。

G : 요금은 얼마입니까?

C : 한 단어마다 192원입니다。

G : 주소를 쓴 것도 요금을 받습니까?

C : 에。 외국전보에는 주소를 쓴 것도 요금을 받습니다。

181

G : Is the signature charged, too?

C : No, if you don't put it in the message.

G : How many words do you count in this one?

C : Twenty in all.

G : I want to have it sent urgent.

C : All right, sir.

fill out the form 용지에 기입하다。

legibly   알기쉽게

in block letters   활자체로

letter telegram   보통전보 글자수에 제한이 있지만, ordinary
telegram의 반액이므로 흔히 이용한다。

ordinary telegram   지급전보。미국같은 데서는 지급전보
를 취급하지 않으므로 이 ordinary telegram이 여타
의 외국에서 말하는 urgent에 해당된다。

G : 발신인의 이름에도 요금이 붙습니까?

C : 아니요, 전보문중에 들지 않으면 안 붙습니다

G : 이 전보는 몇 단어로 계산합니까?

C : 전부 20단어입니다.

G : 지급전보로 부치고 싶은데요.

C : 잘 알았읍니다

양심적?

「경찰에 지급전보를 쳐주게。
전보문은 무전취식을 했으니 곧 오라……」

27. 우 체 국 ——————————

하와이에서 관광여행차 서울에 체재중인 린다가 하와
이의 친구에게 소포를 부치려고 우체국으로 갔다.

L : I want to send this seamail. Insure it, please.

C : (Handing a customs declaration form) Fill this
out, please.

L : When will this arrive in Honolulu?

C : About the 21st, ma'am.

L : All right. And where can I buy air letters?

C : At window No. 4, please.

L : (At window No. 4) May I have two aero-
grams, please?

이번은 포올이 우표와 엽서를 사러 중앙우체국으로
갔다. 결국 편지를 속달로 부치기로 했다.

P : Excuse me, but will you tell me where I can
get stamps?

C : The stamp window is to your right.

P : Thank you.

(At the stamp window)

P : Please give me five 15 won stamps and 10 post

————————At the Post Office

L : 이것을 선편으로 부치려는데요。 보험을 붙여주세요。

C : (관세용지를 건네주면서) 이 용지에 기입하여 주십시요。

L : 호노루루에 언제쯤 도착할까요?

C : 21일경에 도착합니다。

L : 그렇습니까? 항공우표는 어데서 팔지요?

C : 4 번 창구입니다。

L : (4 번 창구에서) 항공우표 2 장 주세요。

P : 실례지만 우표는 어데서 사면 됩니까?

C : 우표 창구는 오른편에 있읍니다。

P : 감사합니다。

    (우표 창구에서)

P : 15원 우표 5 장하고, 엽서 10장 주십시요。

cards.

C : That will be ₩ 115.

P : I want to send this letter by special delivery.
Where shall I take it?

C : To the next window, please.

P : Thank you.

C : Not at all.

린다가 국내편지1통과 항공편 미국까지의 편지 1
통을 부치러 우체국에 갔다.

L : Will you please weigh this letter?

C : Twelve grams.

L : Does it have sufficient postage?

C : No, it's just a bit overweight.

L : How much extra do I have to pay, then?

C : Twenty more won please.

L : Will you register it?

C : The extra charge for registration is 30 won

L : I want to send this one to New York.
How much will it be?

C : Seventy won ma'am.

C : 145원입니다

P : 이 편지를 속달로 부치려면 어느 창구로 가야 합니까?

C : 다음 창구로 가십시오。

P : 감사합니다。

C : 뭘요。

L : 이 편지의 무게는 얼마입니까?

C : 12 그램입니다。

L : 우표는 이것으로 괜찮습니까?

C : 아니요。 조금 중량이 초과됐습니다。

L : 그럼 얼마를 더 지불하면 되죠?

C : 20원 더 주십시오.

L : 등기로 부치려는데요。

C : 등기요금은 별도로 30원입니다。

L : 이것을 뉴요크에 부치려는데 요금은 얼마나 먹힙니까?

C : 70원입니다。

포올이 소포를 시카고까지 부치려고 우체국으로 갔다.

P : I want to send this parcel to Chicago.

C : What does it contain?

P : A transistor radio.

C : Have you done it up securely?

P : Yes, perfectly.

C : Seal it, please. Then you'll have to fill in two customs declarations. Here they are.

P : I want to register this. How much will it cost?

C : The registration fee is 90 won and the parcel fee is 1,310 won.

우체국에 가는 것은 편지나 소포를 부치기 위해서만 은 아니다. 진체를 가지고 가서 현금으로 바꾸는 경 우도 있다. 지금 포올이 5,000원의 위채를 가지고 현 금과 바꾸려는 장면이다.

P : Please cash this money order.

C : May I see your identification slip?

P : Here it is.

C : Thank you. Please sign this order .... And here's the money.

I : 이 소포를 시카고에 부치려는데요.

C : 무엇이 들어 있읍니까?

P : 트랜지스터 라디오입니다.

C : 안전하게 포장돼 있읍니까?

P : 예 안전합니다.

C : 봉하고 나서 두장의 세관신고서에 기입해 주십시
  요. 자 여기 있읍니다.

P : 등기로 하고 싶은데요. 요금이 얼마죠?

C : 등기요금 90원이고, 소포요금이 1,310원입니다.

P : 이 전채의 돈을 찾고 싶은데요.

C : 신분증을 보여주시겠읍니까?

P : 예, 여기 있읍니다.

C : 감사합니다. 이 전채에 싸인하여주십시요……
  돈은 여기 있읍니다.

ı : Thank you.

장면을 바꾸어 외국에서 한국에 소포를 부쳐보기로
하자. 씨애틀을 방문중인 미쓰 로우가 우체국에서,

R : Excuse me, but I want to send this package
to Korea.

C : Air mail or regular mail?

R : How long does it take by regular mail?

C : About 20 days if it weighs under 5 pounds.

R : That's too long. Please send it by air mail,
then.

C : Yes, Miss. What does it contain?

R : Books.

C : I see. How much are they worth?

R : Ten dollars.

C : Will you please write your name and address
on this slip.

R : Here you are.

P : 감사합니다.

R : 실례합니다. 이 소포를 한국으로 부치려고 하는데
요.

C : 항공편입니까, 선편입니까?

R : 선편으로 도착하기까지 얼마나 걸리나요?

C : 5파운드이내라면 약 20일 걸립니다.

R : 그렇게나 오래 걸리나요? 그러면 항공편으로 부탁
합니다.

C : 에에, 그렇게 하죠. 속에는 무엇입니까?

R : 책이에요.

C : 그렇습니까? 얼마짜리의 책입니까?

R : 10달라에요.

C : 이 용지에 당신의 이름과 주소를 기입하여 주십시
요.

R : 에, 그러죠.

28. 은 행 ━━━━━━━━

한국에 오래 머물 예정인 미스터 길버어트가 은행에
예금을 하려는데, 어떤 종류의 예금을 할까 하고 문
의하고 있다.

G : I would like to open an account with your bank.

C : Yes, certainly. What kind of account?

G : Can you explain what kinds there are?

C : Savings accounts, fixed deposits, checking accounts, deposits at notice, installment deposits, and so on.

G : I want to make a fixed deposit of ₩ 5,000. What's the interest rate?

C : There are fixed deposits of three different terms, namely, three months, six months and one year, earning interest of 4 %, 5 % and 5.5 % per annum, respectively.

G : Is that so? Then I want to make a six-month fixed deposit.

C : Please write your address here and sign here, please.

G : There you are.

G : 이 은행에 예금을 시작할까 합니다만。

C : 예, 그렇습니까? 어떤 종류의 예금을 하시겠읍니까?

G : 어떤 종류가 있는지 설명해주시겠어요?

C : 보통예금, 정기예금, 당좌예금, 통지예금, 적립예금 등이 있읍니다。

G : 5,000원으로 정기예금을 들려고 하는데, 이자는 어떻게 되나요?

C : 정기예금에도 3개월, 6개월, 1년의 3종류가 있어 각각 4프로, 5프로, 5.5프로의 이자가 붙습니다。

G : 그렇습니까? 그러면 6개월짜리 정기예금에 들기로 하죠。

C : 여기에 주소를 쓰시고 이쪽에 싸인을 하여 주십시요。

G : 예, 썼읍니다。

C : Please wait a moment.

(After a few minutes)

C : I'm sorry to have kept you waiting for so long. Here is the deposit certificate.

G : Thank you. Good-bye.

C : Good-bye.

린다가 홍콩 딸라와 수표를 가지고 현금과 바꾸려고 은행에 갔다.

C : May I help you?

L : I'd like to change this cash to won. What's the exchange rate?

C : You have American dollars, I see. The rate is 359 won to one dollar.

L : Can I change this money to won too?

C : Oh, that's Hong Kong currency. I'm sorry, but Foreign Exchange Regulations do not permit us to convert it.

L : How about travelers' checks?

C : Yes, we can cash those immediately. How much do you want to cash?

L : Well, let me see ⋯⋯ Two hundred dollars.

C : You wish to exchange three hundred dollars altogether, including one hundred in cash.

C : 잠깐만 기다려 주십시요.

(2, 3분 후에)

C : 오래 기다리게 해서 미안합니다. 이것이 예금증서 입니다.

G : 감사합니다. 굿바이

C : 굿바이

C : 어서오십시요.

L : 이 현금을 (한국화폐) 원화로 바꾸고 싶은데, 환 산레이트는 얼마입니까?

C : 아메리카 딸라이군요. 1 딸라 당 359원입니다

L : 이 돈도 원화로 바꿀 수 있을까요?

C : 오, 이것은 홍콩 딸라이군요. 안됐읍니다만, 외제 관리법에서 인정돼 있지 않으므로 바꿀 수가 없읍니다.

L : 여행자용 수표는 어떻게 됩니까?

C : 예. 곧 바꾸어드립니다. 얼마나 바꾸시렵니까?

L : 글쎄요…… 200 딸라 정도.

C : 그러시면 현금이 100 딸라이므로 합계 300딸라를 바꾸시려는 거군요.

C : May I see your passport and would you sign here?(After a few moments) Thank you, ma'am. Would you please wait a few minutes?

L : Surely.

(After a few minutes)

C : Sorry to have kept you waiting. Here you are, 107,700 won in all. Thank you very much.

L : Thanks very much.

미스터 길버어트가 런던의 친구에게 송금하려고, 그 방법을 묻고 있다.

G : I'd like to send some money to London. How can I do it?

C : The Foreign Exchange Regulations permit money to be sent abroad only for some specific purpose. You are required to have some kind of document to support your application.

G : Oh, Yes. I have a document. It's a payment for a book.

C : Oh, yes. Please fill in this form. You wish to send two pounds only? The rate today is ₩ 859 to one pound. Does the receiver have

L : 그렇습니다。

C : 여권을 보여주시겠읍니까? 그리고 여기에 싸인을
해주십시요。(조금 후에) 감사합니다。조금만 기
다려 주시겠읍니까?

L : 예。

(몇분 후에)

C : 기다리게 해서 죄송합니다。모두 107,700원입니다。
대단히 감사합니다。

L : 대단히 감사합니다。

G : 런던에 송금을 하려는데요。 어떻게하면 되나요?

C : 외국위채관리법상 특수한 목적 이외에는 해외에 의
송금을 할 수 없게 되어 있으므로 이를 증명할만한
증빙서류가 필요합니다。

G : 오, 예, 서류를 가지고 있읍니다。책을 사려는 청
구서입니다。

C : 오, 알겠읍니다。이 용지에 기입하여 주십시요。
2파운드만 송금하시려는 거죠? 오늘의 외환시
세(레이트)는 1파운드에 859원입니다。수취인은

an account with any bank in London?

G : I'm not sure.

C : Then you can send a remittance check.

G : Good.

C : Please wait for a few minutes.

(After a few minutes)

Here is a copy of the remittance check.

G : Thank you very much.   Good-bye.

C : Good-bye.

open an account	예금구좌를 가지다。
savings accounts	보통예금。
fixed deposits	정기예금。
checking accounts	당좌예금。
deposits at notice	통지예금。
instalment deposit	적립예금。
Foreign Exchange Regulations	위채관리법。
remittance check	송금수표。

런던의 어느 은행에 구좌를 가지고 계신가요?

G : 모르겠는데요?
C : 그러시면 송금수표를 보내시는 게 좋겠읍니다.

G : 그러죠.
C : 조금만 기다려 주십시오。
　　(2, 3분 후에)
　　송금수표의 카피입니다。
G : 대단히 감사합니다。안녕히 계십시요.
C : 안녕히 가십시요。

「아깝습니다。그 돈으로 정기예금에 드시면 매달 이자만도
자그만치……」

29. 여행사 ━━━━━

미스터 길버어트가 부산에 가려고 여행사에 들렀다.
표를 예약하기에는 너무 이른 모양이다.

G : I want a reservation on theTongil for Pusan

C : What day, sir?

G : The third of next month.

C : I'm sorry, but you can't make a reservation
more than three weeks in advance.

G : Well, I'll come back next week. Do you
have any idea when the HWB tickets will be
available?

C : The tickets will be put on sale only a week
before at HWB.

G : Thanks very much.

이번은 미스터 길버어트가 목포에 가려고, 침대차의
중단(中段)과 하단(下段) 표를 사려하고 있다.

G : I want a berth on the express night train for
Mokpo tomorrow.

C : I'm very sorry, all the seats are sold out.

G : Is there any other sleeper available?

C : Yes, sir. On Chung Ryung.

G: What time does it leave?

─────────At a Travel Agency

G : 부산행 통일호를 예약하려는데요。

C : 몇일날입니까?

G : 내달 3일입니다。

C : 안 됐읍니다만 3주일 전에는 예약이 되지 않습니다。

G : 그럼 내주일 다시 오겠읍니다。고속버스표는 언제 살 수 있게 되는지 아십니까?

C : 고속버스는 출발 1주일 전에 팔기 시작합니다。

G : 대단히 감사합니다。

G : 내일 목포행 야간급행열차의 침대권을 사려고 하는데요。

C : 미안하게 됐읍니다。전부 팔려버렸읍니다。

G : 다른 침대차는 없읍니까?

C : 있읍니다。청룡호

G : 그것은 몇시에 출발합니까?

C : At 7 : 00. p. m.

G : I'll take it. Two second class berths to Mokpo.

C : Which type of berth shall I reserve?

G : A lower berth and a middle berth. How much
are they?

C : The middle berth is ₩ 900 and a lower is ₩
1, 000. They total ₩ 1, 900.

G : Thank you. Here's the money.

린다가 여행사에 들렀다.

L : I want to make a trip for viewing the fall colors.
Is there any good place?

C : How many days are you going to spend?

L : An over-night trip.

C : I see. In that case what about Mt. Sokri or
Kumsan? It's about a four-hour ride from
Seoul. I bet you'll enjoy the wonderful au-
tumn colors there.

L : Can I get brochures for these places?

C : Yes, ma'am.   Here you are.

L : Thanks. I'll talk with my friends and come
back.

C : Yes, ma'am. We'll be expecting you.

C : 오후 7 시입니다.

G : 그걸로 합시다. 목포행 2등 2장 주십시요.

C : 어떤 침대로 하시겠읍니까?

G : 맨 밑의 침대와 가운데의 침대로 합시다. 침대 둘
에 얼마죠?

C : 중단침대가 900원이고 하단침대가 1,000원 입니다.
합계 1,900원 이군요.

G : 감사합니사. 돈 여기 있읍 니다.

L : 단풍구경을 위한 여행을 하고 싶은데, 좋은 곳을
알선해 주십시요.

C : 몇일이나 예정하고 계십니까?

L : 일박예정이죠.

C : 알겠읍니다. 그런 예정이라면 속리산이나 금산이
어떻습니까? 서울에서 4 시간 정도죠. 아름다운
가을의 색채를 감상하실 수 있을 것입니다.

L : 그 곳의 관광팜프레트가 있읍니까?

C : 예. 여기있읍니다.

L : 감사합니다. 친구들과 의논하고나서 다시 들리죠.

C : 예. 들려주십시요. 기다리겠읍니다.

in advance　　～ 이전。　**available**　　손에 넣다。

sleeper　침대차。　**berth**　침대。

203.

30. 택 시　──────────

미스터 실버무트가 택시로 파레스사이드 빌딩까지 가
려고 운전수(driver)에게 말하고 있다.

G : Taxi!

D : Where to, sir?

G : I want to go to the Palaceside Building.

D : Yes, sir.

G : Is it going to be a long ride?

D : No, it'll only take ten minutes, if the traffic
isn't heavy, sir.

G : How come the traffic is so heavy this time of
the day?

D : This area is always busy. Are you in a hurry,
sir?

G : No, I'm not. Take it easy.

D : Yes, sir.

이번에는 미쓰 로우가 택시를 탔지만, 가려는 곳을
잘 모르고 있다.

R : Do you know where the Daehan Theater is?

D : No, I'm sorry, I don't know. Do you have the
address?

─────────Taking a Taxicab

G : 택시!

D : 어디로 가십니까?

G : 파레스사이드 빌딩으로 갑시다。

D : 에。

G : 여기서 멀어요?

D : 아뇨, 길만 혼잡하지 않으면 10분 정도밖에 걸리지 않습니다。

G : 왜 지금 이 시간에 길이 이처럼 혼잡한가요?

D : 이 지역은 항상 혼잡합니다。 바쁘십니까?

G : 아뇨。 바쁘지 않으니까 천천히 갑시다。

D : 알았읍니다。

R : 대한극장이 어디 있는지 아십니까?

D : 안됐읍니다만 잘 모릅니다。 주소를 가지고 계십니까?

: No, I don't.   But I heard it's near the Daehan
    Building.

D : Oh, I know where the Daehan Building is.

R : Well, take me there then.   Then let's ask some-
    one.

    (A few minutes later)

D : We are now at the Daehan Building.   Shall we
    go farther ahead?

R : Oh, Yes.   Slowly, please.   (A moment later)
    Oh, there it is.

D : I'm glad we found it.

R : All right.   How much do I owe you?

D : Just 200 won.

R : Here it is.

D : Thank you very much, ma'am.

Where to?　　어디로。

a long ride　　오랜 열차여행。

The traffic is busy.　　차 때문에 길이 혼잡하다。

Take it easy.　　천천히 해 주십시요。

R : 갖지 못했읍니다. 그러나 대한 빌딩 근처에고 들었는데요.

D : 아아, 대한 빌딩은 알고 있읍니다.

R : 그럼, 그리로 갑시다. 거기서 물어봅시다

(잠시 후에)

D : 대한 빌딩에 도착했읍니다. 좀 더 앞으로 나갈까요?

R : 아, 예 그래 주십시요. 천천히 가십시다. (조금 후에) 오, 저기 있군요.

D : 찾을 수 있어서 다행입니다.

R : 정말예요. 얼마죠?

D : 꼭 200원이군요.

R : 여기 있읍니다.

D : 대단히 감사합니다.

207

31. 비행장 ━━━━━━━━

서울에서의 오랜 체재를 마친 미스터 길버어트가 미
국으로 돌아가려고 김포공항에 갔다. 대한항공의 탑
승수속(check in)을 하기 위해 KAL의 카운터로 갔
다.

G : Is the plane leaving on time?

C : Yes, it'll be on time, sir.

G : What are the charges for excess baggage?

C : One per cent of your one-way fare per kilo-
gram, sir.

G : That makes ₩ 6,000. Here you are.

C : Thank you, sir. Here are your claim tags and
a boarding card for you.

G : Thanks very much.

탑승수속을 마친 미스터 길버어트는 전송나온 사람
들을 만나려고 2층 로비로 갔다. 미쓰 로우와 미스
터 울바닌을 만났다.

R : Hello, Mr. Gilbert.

G : Hello, Miss Rowe.

U : Hello, Mr. Gilbert.

G : Thank you very much for coming to see me

G : 이 비행기는 예정대로 출발합니까?

C : 예。 정시에 출발할 예정입니다。

G : 제한된 중량을 초과한 화물요금은 얼마죠?

C : 1 킬로그램마다 편도운임의 1 퍼센트가 화물요금 입니다.

G : 전부 6,000원이군요。 여기 있읍니다。

C : 감사합니다。 화물인도권과 탑승권, 여기 있읍니다。

G : 대단히 감사합니다.

R : 미스터 길버어트!

G ; 미쓰 로우!

U : 여어, 미스터 길버어트!

G : 미스터 울바닌, 전송까지 나와 주셔서 대단히 감

off, Mr. Ulbanin.

U : Have you checked in already?

G : Yes, I have.

U: Good. Is the plane going to take off on time?

G : Yes, that's what I was told at the counter.

R : I hope you have enjoyed your stay here in
    Korea.

G : Of course. I've had a wonderful time.

U : I've enjoyed working with you.

G : Same here.

U : Please come and see us again soon.

G : Thank you. I shall be very glad if you can
    come to the States, too.

U : Thank you. I'd like to some day.

출발 1시간전이 되면 탑승객은 전송나온 사람에게
고하지 않으면 안된다. 아나운스가 들려오기 시작한
다.

Passengers for San Francisco on Korea Air Lines
Flight No.2, please proceed through the govern-
ment formalities.

이것을 들은 미스터 길버어트는 검역(Quarantine)이
라고 쓴 입구로 들어갔다. 거기에서 여권심사관(Pa-
ssport Controller), 검역관(Quarantine Officer),
세관원(Customs Officer), 출국관리직원(Immigration
Officer)들로부터 질문을 받았다.

사립니다.

U : 체크인은 끝마치셨읍니까?

G : 예。끝냈읍니다。

U : 비행기는 예정대로 출발합니까?

G : 예, 카운터에서 그렇게 말하더군요.

R : 한국에 체재하시는 동안 즐겁게 지내셨기를 바랍
  니다.

G : 물론이죠。아주 좋았읍니다。

U : 함께 일할 수 있어서 즐거웠읍니다.

G : 저역시 동감입니다.

U : 가까운 시일내에 다시 오십시요.

G : 감사합니다. 당신도 미국에 오신다면 퍽 기쁘겠읍
  니다만.

U : 감사합니다. 언젠가 그렇게 되리라 생각합니다。

칼(KAL) 항공편으로 샌프란시스코에 가시는 탑
승객은 출국수속을 시작해 주시기 바랍니다。

P.C : Please show me your passport.

G   : Here it is.

P.C : What's the purpose of your trip?

G   : I'm going home.

P.C : All right.

Q.O : May I see your vaccination certificate?

G   : Here you are.

Q.O : All right. Please go to the customs office.

(At the Customs Branch)

C.O : Do you have anything to declare?

G   : No, I don't.

C.O : What's in this suitcase?

G   : Only clothes, nothing else.

C.O : Will you open it? Do you have any alcoholic
      beverage, tobbacco or perfume?

G   : I have some cigarettes, but just for myself.

C.O : How many cigarettes?

G   : About a hundred.

C O : What is in this package?

G   : A Korean doll. It's a present for a friend
      of mine.

C.O : Do you have any other gift?

G   : Yes, I have three Korean folding fans and

P.C : 여권을 보여 주십시오。

G : 여기 있읍니다。

P.C : 이 여행목적은 무엇입니까?

G : 귀국입니다。

P.C : 그렇습니까?

Q.O : 검역증을 보여주시겠읍니까?

G : 여기 있읍니다。

Q.O : 좋습니다。 세관으로 가십시오。

(세관에서)

C.O : 신고할 것 있읍니까?

G : 아니요。 없읍니다。

C.O : 이 스츠케이스에는 무엇이 들었읍니까?

G : 양복뿐입니다。 그외는 없읍니다。

C.O : 스츠케이스를 열어 주십시오。 무언가 알코올이나 음료수, 담배, 향수등 가지고 있읍니까?

G : 담배를 조금 가졌읍니다만 제가 피우는 겁니다。

C.O : 얼마큼이나 가지셨읍니까?

G : 100개피 정도 입니다。

C.O : 이 보따리는 무엇입니까?

G : 한국인형입니다。 친구들이 저에게 선물로 준 것입니다。

C.O : 그외 다른 선물은 없읍니까?

G : 있읍니다。 한국 부채 3개와 진주 네크레스 하나

a pearl necklace.

C.O : Is that all?

G　: Yes.

C.O : Is this camera also a gift?

G　: No, it's for my personal use.

C.O : All right. That's all. Thank you.

이번은 울바닌씨가 출장으로 미국에 가게되어, 김포
공항 출입국관리과에서 출국수속을 하는 장면을 보기
로 하자.

(Immigration Branch)

I. O : Please show me your passport.

U　: Here it is.　.

I. O : Is this your first visit to the United States?

U　: Yes, it is.

I. O : How long are you going to stay?

U　: Six months.

I. O : What's your purpose in going to the United
　　　States?

U　: It's a business trip.

I. O : Where are you going to stay in the States?

U　: I shall stay in San Francisco for a short
　　　time and then go to Chicago.

I. O : May I see your vaccination certificate?

U　: Here you are.

I. O : It's all right.

입니다。

C.O : 그게 전부입니까?

G : 예, 그렇습니다。

C.O : 이 카메라도 선물입니까?

G : 아니요。 이것은 저가 사용하는 것 입니다。

C.O : 좋습니다。 끝났읍니다。 감사합니다。

(출입국관리국)

I.O : 여권을 보여 주십시요。

U : 여기 있읍니다。

I.O : 미국은 이번이 첫 방문입니까?

U : 예, 그렇습니다。

I.O : 얼마쯤 체류할 예정이십니까?

U : 6 개월입니다。

I.O : 미국으로 가시는 목적은?

U : 상용입니다。

I.O : 미국 어디에 머물을 예정이십니까?

U : 얼마동안 샌프란시스코에 머물고 나서
시카고로　갑니다。

I.O : 검역증을 보여 주시겠읍니까?

U : 여기 있읍니다。

I.O : 아, 괜찮습니다。

그런데 비행기에 탑승한 길버어트씨는 좌석벨트를 조
이고 기체의 이륙을 기다리고 있다. 드디어 제트기
가 날아오르자 스튜어니스의 최초의 아나운스가 들
려왔다.

Good afternoon, ladies and gentlemen. This is
Korea Air Lines Flight No.2 bound for San Fran-
cisco. The approximate time of arrival at San
Francisco is 10 : 15 Friday morning. Your pilot is
Captain Kyong Kwan Ko and your stewardesses
are Miss Han, Miss Chang and Miss Kim.

크류멤버(crew member)의 소개가 끝난 다음 「금연」
의 주의가 있다.

Please fasten your seat belts and observe the
"No Smoking" sign until it is turned off.

드디어 제트기는 목적지인 샌프란시스코 상공을 날
고 있다. 착륙직전에 재차 스튜어디스의 아나운스가
있다.

Ladies and gentlemen, may I have your attention
please? We'll be landing at San Francisco Air-
port in five minutes. Please fasten your seatbelts
and refrain from smoking.

신사 숙녀 여러분, 안녕하십니까? 이 비행기는
대한항공사의 샌프란시스코행 제2편입니다. 당지
에 도착할 예정시간은 금요일 오전 10시 15분입니
다. 파일러트는 고경관씨이고, 여러분을 모실 스
튜어데스는 미쓰 한, 미쓰 장, 그리고 미쓰 김입
니다.

안전벨트를 매어주시기 바랍니다. 그리고 「금연」
이라는 싸인이 사라질 때까지 담배를 금해주십시
요。

신사 숙녀 여러분, 알려 드립니다. 이 비행기는
5분 후에 샌프란시스코공항에 착륙할 예정입니다.
안전벨트를 매어주십시요. 그리고 담배를 엄금해
주시기 바랍니다.

비행기가 착륙후 아직 활주로 위를 달리고 있을 때에
최후의 아나운스가 있다.

Ladies and gentlemen. Please remain in your
seats until the plane comes to a complete stop. We
hope you've enjoyed your flight and hope you well
fly with KAL again soon. Thank you very much.

check in   체크 인。여권, 항공표, 검역증을 보이고 기내
에 휴대할 이외의 하물을 인도한 후 boarding card
를 받는 일. 이때 출국기록카드(embarkation card)
와 여행목적지의 입국카드(disembarkation card 또
는 landing card)를 받고 기입한다。

excess baggage   중량을 초과한 짐. 하물의 운임은 일등
(first class) 30킬로, 에코노미(economy)는 20킬

신사 숙녀 여러분。비행기가 완전히 정지할 때
까지 그대로 좌석에 앉아서 기다려 주십시요。 즐
거운 비행이었기를 빌며,가까운 시일내에 다시 이 대
한항공편을 이용해 주시기 바랍니다。대단히 감사
합니다。

로까지 무료이나 그 이상은 1 킬로 초과당 편도운
임의 1 퍼센트를 납입해야 한다。

quarantine   검역。여기서 검역관에게 예방주사증명을 보
인 다음 세관검사를 받는다。다음에는 출국관리관에
게 여권과 기재사항을 기입한 출국기록카드를 보인
다。여권 검열이 끝나 스탬프를 찍으면 출국수속은
끝나는 것이다。

32. 호 텔 ━━━━━━━━

미스터 길버어트가 호텔에 10일간 묵게 되어 전화로
예약하는 장면이다.

O=Operator (교환수), C=Clerk (예약계)

O : Grand Hotel.

G : Reservation desk, please.

C : Reservation desk.

G : Do you have a single room available for 10
days from May the 15th?

C : May the 15th? Hold the line, please.
(A moment later)
Sorry to have kept you waiting. We have a
room available, sir. May I have your name,
please.

G : My name is Gilbert, Paul Gilbert.

C : Thank you, sir. Would you also tell us your
telephone number?

G : My phone number is 308—2101.

C : Thank you, sir.

G : Much obliged to you.

─────────────────At the Hotel

O : 그랜드 호텔입니다。

G : 예약계를 부탁합니다。

C : 예약계입니다。

G : 5월 15일에서 열홀간, 싱글로 예약할 수 있읍니까?

C : 5월 15일입니까? 잠깐 기다려 주십시요。

(조금 후에)

기다리게 해서 죄송합니다。 빈 방이 있읍니다。 이름을 아르켜 주시겠읍니까?

G : 길버어트입니다。 포올 길버어트。

C : 감사합니다。 전화번호도 아르켜 주시면 감사하겠읍니다。

G : 저의 전화번호는 308의 2101입니다。

C : 감사합니다。

G : 그럼 잘 부탁드립니다。

미스터 길버어트가 미리 예약해 둔 호텔의 프론트에
나타났다.　　　R＝Receptionist (수부)

R : May I help you, sir?

G : Yes, I have a reservation here.

R : May I have your name, please.

G : Gilbert, Paul Gilbert.

R : One moment, sir.

Yes, a single room with bath, isn't it?

G : Yes that's right.

R : It's Room No. 505. Here's your key, sir. The
room is on the fifth floor.

G : Thanks. Where's the dining room?

R : It's in the basement, first floor, sir.

G : How late is it open?

R : It's open from 7 in the morning to 11 at night,
sir.

G : Thanks very much.

길버어트가 그의 부인과 함께 여행지에 미리 예약해
둔 호텔에 도착했다。

R : Good evening, sir. May I have your name?

G : Paul Gilbert.

R : 어서 오십시요。

G : 이 호텔에 예약을 했는데요。

R : 성함을 말씀해 주실까요。

G : 길버어트입니다。 포올 길버어트.

R : 잠깐만 기다려 주십시요。
　　 있읍니다。 목욕실이 딸린 씽글이지요?

G : 예。 그렇습니다。

R : 당신의 방은 505호실입니다。 여기 연쇠가 있읍니
　　 다。 그 방은 5 층에 있읍니다。

G : 감사합니다。 식당은 어딥니까?

R : 지하 1 층에 있읍니다。

G : 몇 시까지 영업을 하는가요?

R : 아침 7 시부터 저녁 11시까지입니다。

G : 대단히 감사합니다。

R : 안녕하십니까? 성함이 어떻게 되십니까?

G : 포올 길버어트。

R : How do you spell it, sir?

G : P-a-u-l, G-i-l-b-e-r-t. I believe you have a room reserved for us for two nights.

R : One moment, sir. Yes, a room with twin beds, isn't it?

G : Yes, that's right.

R : We have a room ready for you on the eighth floor. ... Room 824. Here's the key, sir.

G : Thanks very much.

single room   싱글 벳드가 놓인 방

twin beds   트완 벳드。

　　　　더블 벳드가 있는 방은 double room。

R : 스펠링은 어떻게 되는지요?

G : 피 에이 유 엘 지 아이 엘 비 이 알 티 이튿만에 약한 것으로 알고 있는데。

R : 잠깐 기다려 주십시요。 예, 그렇군요。 트윈 베드로 예약하셨죠?

G : 에, 그렇습니다。

R : 8 층 824호실에 준비되어 있읍니다。 열쇠는 여기 있읍니다。

G : 감사합니다。

33. 레스토랑 —————————

포올·길버어트가 웨이터에게 비프스테이크와 야채
샐러드를 주문하고 있다.

W: May I take your order, please?
G: May I have a menu, please?
W: Certainly, sir.
G: I'll have tomato soup. And salad
W: What kind of dressing, sir?
G: Mayonnaise, please. And steak.
W: How would you like your steak?
G: Rare, please. And a cup of coffee.
W: Do you want coffee with the meal or with
   dessert?
G: With dessert. I'll have an apple pie for dessert.
W: Thank you, sir.

스파케티를 좋아하는 린다가 레스토랑에서 음식주문
을 하는 장면이다.

L: Can I have matassa?
W: I'm sorry, matassa is not on the menu.
L: Can you make some for me?
W: Just a moment, ma'am. I'll ask.

At a Restaurant

W: 무엇을 주문하시겠읍니까?

G: 메뉴를 보여주시겠읍니까?

W: 여기 있읍니다。

G: 토마도 수우프를 주십시요。 그리고 샐러드도。

W: 드레싱은 무엇으로 하시겠읍니까?

G: 마이요네이즈로 합시다。 그리고 스테이크。

W: 스테이크는 어느 정도로 구울까요?

G: 약간만。 그리고 커피。

W: 커피는 식사와 함께 하시겠읍니까? 아니면 디저
트와 같이 드시겠읍니까?

G: 디저트와 함께。 디저트로는 애플파이를 주시오。

W: 감사합니다。

L: 매타싸 있어요?

W: 죄송하지만 매타싸는 메뉴에 없는 뎁쇼。

L: 조금 만들어 주실 수 없어요?

W: 잠간만 기다립쇼。 물어봅지요。

(a little later) Yes, ma'am, we can make some for you. It will take about 15 minutes. All right, ma'am?

L : That's all right.

W : What kind of sauce do you like?

L : Tomato sauce, please.　Bring me a salad, too.

W : What kind of salad dressing, ma'am?

L : French dressing, please.

포올이 린다를 초대하여, 레스트랑에서 함께 식사하는 장면이다.

P : Would you please pass me the salt?

L : Certainly.　Do you want the pepper, too?

P : No, just the salt, thanks.

L : The steak is very good, don't you think?

P : Yes, I do.　The steaks of this restaurant are said to be the best in town.

L : I wouldn't doubt it.

P : Waiter, I want more of these French fries.

W : Yes, sir.

　　(after dinner)

P : Waiter, let me have the bill.

(소금 지나서) 만들 수 있나는 뎁쇼。 특별한 손님
에게만 드립죠。 15분쯤 걸리는 데 괜찮습니까?

L : 괜찮아요。
W : 소오스는 무엇으로 할깝쇼?
L : 토마도소오스를 주세요。 샐러드도 갖다 주세요。

W : 드레싱은 무엇으로 할깝쇼?
L : 프렌치드레싱으로 주세요。

P : 소금을 건네주시겠읍니까?
L : 여기 있읍니다。 후추도 넘겨드릴까요?
P : 아뇨, 소금만입니다。 감사합니다。
L : 이 스테이크는 아주 맛이 있지요?
P : 예。 맛 있군요。 이 레스트랑의 스테이크는 이 거
리에서 최고로 치지요。
L : 그렇군요。
P : 웨이터。 이 프렌치후라이 더 갖다 주게。

W : 예, 알았읍니다。
(식후)
P : 웨이터, 계산서 갖다 주게。

W : Here it is, sir. It comes to ₩3,800.

P : Here is ₩4,000. Please keep the change.

W : Thank you very much, sir. Please come again

미쓰 로우가 혼자 레스트랑에 들려, 한글로 쓰인「뒤
김」치킨을 주문하고 있다.

R : What's this " Twigim " chicken?

W : It's small pieces of deep-fried chicken. It's
very good.

R : I think I'll have that, then. What comes
with it?

W : A small salad.

R : All right. That'll be fine. And bring me some
coffee, too.

W : Yes, ma'am. Now or after your meal?

R : After, please.

이번은 포올이 정식을 주문하고, 커피를 먼저 가져오
도록 말하고 있다.

W : Are you ready to order, sir?

P : Yes, I'd like your "A" dinner.

W : 여기 있습니다. 3,800원입니다.

P : 자, 4,000원. 거스름은 자네가 갖게.

W : 대단히 감사합니다. 다시 오십시요。

R : 이「튀김」치킨이란 어떻게 만든 거죠?

W : 그것은 닭을 기름에 튀긴 것입니다. 아주 맛이 좋
습니다。

R : 그래요? 그럼 그걸로 주세요. 거기에 뭐가 따라
나오나요?

W : 샐러드가 조금 따라 나옵니다。

R : 괜찮군요. 그걸로 주세요. 그리고 커피도 갖다 주
세요。

W : 알았읍니다. 지금 가지고 올까요, 아니면 식사가
끝난 다음에 가져 올까요?

R : 식사후에 주세요。

W : 무엇으로 주문하시겠읍니까?

P : 에이 정식으로 주세요。

231

W : Yes, sir. You have a choice of fruit juice or shrimp cocktail.

P : Give me the cocktail, please. No soup. Creamed corn and spinach. I'll order dessert later. And bring me some coffee.

W : Would you like it with the meal?

P : Yes. Please bring it right away.

W : Yes, sir.

식욕이 왕성한 토미와 포울이 자주 가는 레스토랑에 들렸다.

T : Have you a table for two?

W : Yes, sir. Please come this way.

T : Thank you. (Paul and Tommy sit down at a table.)

T : Here is a menu printed in English. What would you like, Paul?

P : Well, I think I'll have fried oyster first.

T : That's a good choice. This is the right season for oysters. After the oysters I'd recommend steak, it's especially good here.

P : Is that so? I'm very fond of steak.

T : Which would you prefer, sirloin or tenderloin?

232

W: 알았읍니다. 플르트쥬스와 새우칵테일의 어느쪽으로 하시겠읍니까?

P: 칵테일로 주세요。 수우프는 필요 없읍니다。 크리임코온과 시금치도 주지고, 디저어트는 나중에 주문하지요。 그리고 커피를 갖다 주세요。

W: 식사와 함께 드시겠읍니까?

P: 에, 지금 갖다 주세요。

W: 알았읍니다。

T: 2인용 테이블 빈 자리가 있어요?

W: 예 있읍니다。 이리로 오십시요。

T: 감사합니다。 (토미와 포올이 테이블에 앉는다)

T: 여기 영어로 쓰인 메뉴가 있군。
   뭐로 들까, 포올?

P: 그렇군。 먼저 굴후라이를 들지。

T: 잘 택했네。 지금이 한창 굴맛이 나는 계절이지。
   굴후라이를 든 다음에 스테이크가 좋을 것 같군。
   여기 스테이크는 특별한 맛이 있지。

P: 그래? 나도 스테이크를 퍽 좋아하지。

T: 싸이어로인과 텐더로인과 어느쪽을 들겠나?

P : Sirloin, please.

T : Let's have it. Waiteress ! Fried oyster, and two
sirloins.

W : Yes, sir. And how would you like your steaks?

T : I want mine well-done.

P : Medium, please.

W : Very well, sir.

dessert 디저어트。 s가 하나만 붙은 desert 는 사막
의 뜻이 된다。

What comes with it ?   무엇을 한께 가지고 올까요?

fruit juice   과일 쥬스 s가 붙지 않았다는 점에 주의。

P : 싸이어로인으로 하지.

T : 그럽시다. 웨이트레스! 굴후라이와 싸이어로인
   을 부탁합니다.

W : 알았읍니다. 스테이크는 어느 정도로 구울까요?

T : 나는 푸욱 구워주시오.

P : 난 보통으로.

W : 잘 알았읍니다.

34. 쇼 핑

물건을 살 경우, 사려는 물건에 따라 여러가지로 표현이 달라진다. 우선 과일점부터 들려보기로 하자. 린디가 점원(sells girl)과 이야기하고 있다.

S : May I help you, ma'am?

L : Yes, I'd like some apples.

S : Yes, ma'am. Which kind would you like?

L : Let me see. These are thirty-five won each, aren't they? I'll take five of them.

S : Yes, ma'am. Anything else?

L : No, I don't think so.

S : All right. That'll be one hundred and seventy-five won. (Receiving the money) Thank you, ma'am.

이번은 멘즈 스토어(men's store)에서 길버어트씨가 넥타이를 고르고 있다.

S : How do you like this one, sir? I think it goes very well with your blue suit.

G : No, I don't care for this pattern.

S : Then how about these polka dots, sir? They're always in style.

236

S : 무엇을 드릴까요?

L : 사과를 좀 주세요.

S : 예, 어느쪽의 것을 드릴까요?

L : 글쎄, 저것은 1개에 35원짜리군요. 5개 주십시요.

S : 예. 그외 다른 것은?

L : 아니요. 괜찮습니다.

S : 자, 175원이 되겠습니다. (돈을 받으면서) 감사합니다.

S : 이쪽것은 어떻습니까? 손님의 푸른색 양복과 퍽 잘 어울리는데요.

G : 그런데 이 무늬가 마음에 들지 않는군요.

S : 그러면 이쪽 물빛 구슬 무늬는 어떻습니까? 어떤 유행에라도 알맞으니까요.

G : Hm. These are rather nice. All right, I'll take this one, and the striped one you showed me first. Yes, that's the one.

S : Thank you, sir. You won't make a mistake on this one. It's wonderful quality.

린다가 보이프렌드인 포올을 위해 여름용 포로셔츠 를 사는 장면이다.

S : What can I show you, ma'am?

L : Please let me see that shirt in the show-case.

S : Do you mean that yellow one, ma'am?

L : No, the light brown one, with white stripes.

S : Here you are, ma'am. It's very good.

L : How much is it?

S : The price is on the tag. It's ₩ 3, 000.

L : Is it durable?

S : Yes, it's very durable and popular, too.

L : All right. I'll take it. Will you gift-wrap it

S : Yes, ma'am.

G : 흠。 그게 차라리 낫군。 자, 이것하고 처음에 보여
    주었던 줄무늬의 넥타이。 그렇죠。 그것을   사기로
    합시다。
S : 감사합니다。 참 잘 고르셨읍니다。 가장 좋은 것들
    입니다。

S : 무엇을 보여드릴까요?
L : 쇼우윈도우에 들어있는 저 셔츠를 보여주십시요。

S : 저쪽 노란색의 셔츠입니까?
L : 아뇨。 흰 줄이 있는 밝은 갈색 셔츠예요。
S : 아, 여기 있습니다。 매우 좋은 것입니다。
L : 얼마죠?
S : 정가표에 써 있습니다만 3,000원입니다。
L : 감이 질긴가요?
S : 예 아주 질긴 감이죠。 그리고 유행이예요。
L : 알았어요。 그걸 사기로 하죠。 선물용 포장지로 잘
    싸 주세요。
S : 예, 싸 드리죠。

著編譯者: Tommy U 著譯
　　　　　김　웅　용

發 行 者: 南　　溶

發 行 所: 一 信 書 籍 出 版 社

[1][2][1] - [1][1][0] 마포구 신수동 177 - 3

등록: 1969. 9. 12. No. 10-70

전화: 영업부 703 - 3001~6

　　　편집부 703 - 3007~8